画像铜器

列国时代的战争与生活

刘敦愿 / 著　　李吉光　郑岩 / 编

CNS｜ 湖南美术出版社
全 国 百 佳 图 书 出 版 单 位
· 长沙 ·

目　录
Contents

晚年的刘敦愿先生

刘敦愿小传

　　刘敦愿教授，字子舒，1918 年 6 月 24 日生于湖北汉阳。1932年毕业于郑州扶轮小学，1938 年毕业于郑州扶轮中学。1939 年，在昆明考入国立艺术专科学校西画科，随秦宣夫教授学习素描。受秦宣夫影响，兴趣转向美术史，于重庆沙坪坝旁听中央大学丁山教授"商周史"与"史学名著选读"等课程。1944 年毕业后，进入四川省立图书馆工作，其间曾短期担任小学教员。1945 年，在成都的齐鲁大学旁听考古学家吴金鼎讲授的"田野考古学"。

　　1947 年，刘敦愿受聘于山东大学中文系，讲授"历史文选"等课程，同时协助丁山教授的研究工作。1953 年 5 月，刘敦愿从山东大学中文系转入历史系。同年 8 月，参加洛阳烧沟汉墓的发掘。其后陆续调查了山东日照、五莲（今属日照）、即墨、临沂、胶县（今胶州市）等地多处古代遗址，对山东新石器时代考古学文化序列的建立有重要贡献。刘敦愿还积极谋划和筹备山东大学考古学专业，1972年春，该专业在山东大学历史系设立，刘敦愿出任教研室主任，并先后组织和参与山东泗水尹家城、日照东海峪、临淄齐故城等遗址的发掘。

1979年，刘敦愿当选为中国考古学会第一届理事会理事。其后，曾担任中国考古学会第二届理事会理事、中国太平洋历史学会（今中国太平洋学会）理事、山东大学学术委员会委员、山东省考古学会副理事长、山东古国史研究会会长以及中国农业历史学会、山东省历史学会和山东省博物馆学会顾问等职。

1997年1月15日晨，刘敦愿因肺心病抢救无效，逝世于济南，终年79岁。遵照其遗嘱，其藏书与资料捐赠山东大学。

刘敦愿一生研究领域涵盖古代美术、史前与商周考古、山东古国史、古代神话与民俗、中国古代农业和畜牧业史、中国科技史、古籍整理等诸多领域，其中尤对中国古代美术的研究用力最深，所论涉及史前陶器艺术、商周青铜艺术、东周与汉代绘画以及古代艺术与民间艺术的关系等。1994年，其自选集《美术考古与古代文明》在台北出版，2007年人民美术出版社出版了简体字版。《刘敦愿文集》2012年由科学出版社出版。他在晚年基本完成的古籍整理项目《齐乘校释》，由其学生补充完善，2012年由中华书局出版，并于2018年出版修订本。2022年，《文物中的鸟兽草木》由四川人民出版社出版。

Part 1

上 编

关于战国青铜器画像
问题的若干思考

一

　　中国古代青铜冶铸技术与装饰艺术，到了春秋中叶至战国中叶这段时期，又有了重大的发展，以至与殷墟文化期（包括西周初期）作比，这一时期可以称为中国青铜器发展史上的第二个高潮。表现在技术方面，器物胎质匀薄，结构复杂（尤其是失蜡法娴熟运用之后，更是千变万化），镶嵌与刻纹技术盛行，很具有特色；表现在艺术方面，器物造型灵巧，不少是专为欣赏而作，纹样图案浅细，神秘色彩有所淡减，而大量地以写实风格的绘画作为图案单位，镌铸或刻划在器表，作有规律的排列，用作器物装饰，更是这个时期青铜器装饰艺术的一项突出的特点。目前关于青铜器工艺技术方面的研究相当丰富与深入，相对说来，对于其上的这种装饰，从绘画艺术角度来做研究，就尤嫌不足了，现在便以后者作为重点提出一些问题进行探讨。

这个时期的青铜器工艺，之所以出现了上述技术与艺术两方面的巨大变化，既要从当时社会经济的发展与意识形态方面发生的变化来进行探索，也要考虑到中国古代绘画艺术本身，到了这个时期也有了很大发展。当时铁器已经广泛使用，肯定对于社会生产起了巨大的推动作用，但是铁器并没有立即在各个方面取代铜器，反而促进青铜制造业得到了空前广泛的发展，青铜器的日用化形成一种新的趋向，传统的用器、乐器、兵器继续制造而外，在某些地区还生产有较大量的青铜农具，铜镜、带钩、玺印以及货币，都在消费着巨量的铜。[1]在人们还没有意识到铁这种新兴的金属的强大生命力与远大前程的时候，具有悠久历史传统与非凡成就的青铜工艺，在新的历史条件下，于质于量都有新的飞跃，回光返照，发出最后的光辉，形成一种奇特又十分有趣的社会现象。

就西周时期而言，这也是一个"礼崩乐坏"、思想解放的时代。青铜这种重要物资，过去主要掌握在贵族阶层手中，"国之大事，唯祀与戎"。兵器的垄断而外，钟鼎彝器更是礼乐制度的物化表现，"名位不同，礼亦异数"，所谓"彝器"，也就是"宗庙常器"（《说

1　李学勤：《中国青铜器的起源与发展》，载李学勤编：《中国美术全集·工艺美术编4·青铜器（上）》，文物出版社，1985。

文解字·糸部》），既然如此，必然是"唯器与名，不可以假人"，有着阶级的与等级的限制，工艺师在青铜器的造型与装饰等方面都受到束缚，至于为观赏而制器，也只是偶然有之（方国器物，因民族传统之不同而多异制，那又是另外的问题）。现在，传统器物的制作而外，纯粹为观赏而制作的器物显然大有增加，这类器物往往极尽刻镂、雕饰、嵌错之美。[2]在这种情况下，工艺师在青铜器装饰上，便有了一定程度的自由，以绘画入于装饰艺术便是一种前所未有的表现方法。所谓以绘画入于装饰艺术，即以一幅绘画，复杂的可以包括十几个或几十个人物鸟兽，简单的只有三两个，但无论场面的大与小，每幅绘画都被当作一个基本的图案单位，依照装饰目的的要求，在器表特定的位置上，作对称的或有规律的反复，只个别的例外，十分近似晚期瓷器以山水、人物、花鸟、畜兽等题材作为装饰，这既说明装饰艺术有了新的发展，也反映出了绘画艺术应用范围扩大，已经渗入姊妹艺术的领域里来了。

中国古代绘画史的研究，在资料方面，考古发现是很不平衡的。史前陶器上的笔画与刻划所在多有，岩画可能也已萌芽，然而遗憾的却是商周时期的迄无发现，尽管从青铜器、玉器装饰纹样与雕塑艺术品上，可以窥见当时艺术家观察的深入细致、表现技巧的简洁扼要，可以推知当时绘画艺术必然也相当卓越，但终究缺

---

2 徐中舒：《古代狩猎图象考》，载历史语言研究所研究员、外国通信员、编辑员等撰《庆祝蔡元培先生六十五岁论文集·国立中央研究院历史语言研究所集刊外编第一种·下册》，国立中央研究院历史语言研究所，1933，第577页。以下简称《徐考》。

乏直接证据。战国时期情况则大不相同，诸子著述时常引用绘事作为譬喻，既有画家的活动，也偶然涉及有关理论，如《考工记》一书中，生产技术之外，也包含工艺师有关绘画与雕塑艺术方面理论与实践的经验总结，反映出当时工匠身份的艺术家的社会地位有所改善，创作也比较自由。由于作品水平的提高与应用范围的扩大，过去只能根据文献所见做些合理的推测，如今却为日益丰富起来的考古发现所证实。目前发现最早、数量较多的是这类青铜器皿，主要分布在华北地区，内容以风俗画题材为主，神话之类偶尔有之；南方虽然卑湿，但楚文化墓葬密封与防腐技术卓越，所以帛画与漆木器皿颇有存留；江淮地区崇尚巫鬼，并富于浪漫气息，所以神话题材丰富而风俗画方面较少，与北方重视实际，风格比较写实者颇异其趣。这种种考古新发现，使对从春秋中期以来中国早期绘画史的全面研究成为可能，坚信随着考古事业的发展，研究将继续有所深入，为我们提供更全面的知识。

这类青铜器上的图像，就其处理工艺而言，有刻划与镂铸两类，镶嵌偶尔有之。前者，以有色金属镶嵌于线状的沟槽之内；后者，图像成块体，再在其上略加刻划；个别的以镶嵌方法填充减地部分，以与器表取平，打磨光洁[3]。目前的命名却没有定规，前者多称为"刻纹"的某种器物，但其中既包含有绘画性的，也有纯装饰性的，常

---

3 减地画像而加镶嵌之器保存完好者少见，《徐考》图版2之采桑猎壶，图像内容丰富，镶嵌亦极精好，原器已流落海外，图版照片转引自 Koop（库普）氏所著 Early Chinese Bronzes（《中国早期青铜器》）一书。

不明确；后者则依内容而命名，如"猎纹壶""水陆交战鉴"等，实际上，一器之中，内容多种，往往选一二种突出的题材命名，如"宴乐铜壶""采桑猎壶"等，也嫌含糊。如就绘画艺术的角度来做考察，青铜器图像的表现技巧，汉画像石多已继承，前者应该看作是后者的先驱，准汉画像石之例，不论表现技巧如何复杂多样，附属的建筑是祠堂、墓葬还是门阙，都统称之画像石（砖），此类青铜器上的绘画性的图像，似可称作"青铜器画像"，所附器物统名之为"画像青铜器"。自成一个部类，以别于漆木器上的画像与帛画，以及将来可能发现的壁画艺术[4]，既便于称谓，也便利研究，姑且提出这一不甚重要的建议，以供参考。

二

这类用作青铜器装饰的绘画，大多数是写实风格的风俗画题材，内容具有一定的丰富性，最常见的有：狩猎，包括以猎兽为主的田猎（也就是车猎）、徒搏，以射鸟为主的弋射；宴乐与竞射，两者往往结合在一起，突出鼓钟击磬，而长袖起舞与庖厨之事居于很不重要的地位；采桑多见，歌舞游乐景象反而不常见；水陆交战，陆战为攻城，水战为舟战；其他还见祠祷、乘舟、牵马等，描写的都是贵族阶层的生活与爱好，既保存有古老的习俗，也表

4　详见《楚辞·天问》篇，王逸序。

现出浓郁的时代气息。至于羽人、飞兽、操蛇之神、豢龙、扰龙之类的神话题材，只是偶尔有之，在器表上，面积既小，也不占据主要地位。此外，还有一种题材，鸟兽纷然杂陈，现实的与神话的，南方的与北方的都有，装饰性很强，但又有少数人物点缀于其中，或持兵仗，或执绳索，行动介于田野狩猎与苑囿驯扰鸟兽之间，无以名之，可能是狩猎题材的一种变革[5]。

青铜器上的图像，可看作是绘画作品的移植或灵活运用，可从以下几个方面加以说明。

第一，画面中人物与动物的造型与动态，既写实生动，也灵活多变。图像面积不大，于是人物与动物的形体也就很小（两者相较，前者显得尤小），但人物的男女性别大体可以区分（这在采桑图像中表现最为突出），日常生活与狩猎或战斗，因场合不同，人物的装束与动作也有差异：猎者与攻城者袒裸，守城者以逸待劳，因而着短服。至于一般情况，无论男女都是长服曳地，裳下有褶襞，并以此表示动向，也很机智。徒搏图像中面对大兽、猛兽的猎者，全身袒裸，下身仅着一“犊鼻裈”，肌肉的表现，圆浑有力而富于弹性，相当成功。

中国古代绘画多不描写人物与动物的表情，而是以人物与人物、人物与动物的组合，各自的姿态动作来做表现，汉画像石依

5 如杕氏壶，器身有浮雕鸟兽人物，容庚《商周彝器通考》（以下简称《通考》）“花纹”章有摹本，见此书图录七六九。1952 年河北唐山贾各庄出土战国铜壶器盖、器身狩猎纹样也属于这种性质，见安志敏：《河北省唐山市贾各庄发掘报告》，《考古学报》1953 年第六册，第一、二分合刊。

然如此，更无论这种"寸马豆人"的青铜器上的画像了。攻城野战、车徒围猎，借此表现出喧闹热烈的场合；采桑歌舞见其恬静的环境、欢乐的气氛；徒搏中的人兽对峙，既见困兽犹斗的情景，也体现了猎者的沉着勇敢，完全可以起到小可观大的作用，想见当时正式绘画作品已具有很高的艺术水平。

第二，这类图像往往具有完整的构图与必要的配景，画面之中有主有次，轻重搭配恰当。攻城以仰攻为主，以 T 形直线区分城垣的上下与内外；弋射以一群猎者翻身仰射为主，水禽惊飞蔽天，形成上下两个部分，以矰缴的线条作为联系，有射中者带箭仍在继续飞行，有射而未中者，有中箭徐徐下坠者，穿插其间，使统一之中又有变化（宴乐铜壶以折线表示水际，以鱼象水，并画水禽憩息状态，以表示由静而动，显示出弋射之全部过程）；舟战图像情况类似，两只战船船头相接，几乎完全对称，甲板上两军接战，船下也是以鱼象水，群鱼随意布置，其间杂有潜水者、推舟者，使画面富于变化，并体现出鏖战方酣的气氛，诸如此类。

这些图像基本上都是写实的，内容也浅显明白，而且都可从古代礼制与社会风习的有关记载中，得到明确而翔实的解释，并可进行专题性的探索，因而具有艺术的与史料的双重价值。

第三，古代艺术品，除了小件的、独立的艺术创作而外，如果用之作为装饰，必然从内容到形式，都要服从装饰的需要，大至各种雕塑品与壁画，小至纹样与图案无不如此。这种专供欣赏之用的青铜器，装饰与绘画作品的关系也毫不例外。

这类绘画如一个纹样或图案单位，在指定的部位上，作对称的或有规律的反复。最常见的情况是器物区划为若干宽窄不等的层带，这种"画带"与纯粹的装饰（几何形体的与动物形象的）图案交相杂错，不拘一格。然后再依内容复杂简单的程度与物象的多少，区划为若干大小宽狭各异的长方形框幅，由于器物大多是圆形的，这种框幅往往是弧面的，有的因器形部位关系，甚至成为梯形的了。至于器盖，则层带沿着周边划出，除去中心的圆形纹样外，便是在一个璧形的画面中作画了；在豆类的底座上，又变成在漏斗形的器表上进行。匜类呈瓢形，沿器口也是层带。其他器形比较自由，个别器物，如河南辉县出土的刻纹鉴与上海博物馆藏椭杯，则是自由刻划，直到布满器壁为止；不过前者口沿饰以松鹤相间的连续图案，稍有差别，这些都是少数的例外。工艺师以写实风格的绘画，在多种多样的、规则的与不规则的框幅中进行装饰，使两者有机结合，确见惨淡经营，匠心独运。其中凫鱼猎壶一器最为典型，现在以此为例试做分析。[6]

这件铜器自上而下，由繁而简地采用了四种题材作为装饰——采桑歌舞图像安置在圆形的器盖之上，猎豹场面在壶身的肩部，猎牛在上腹部，写实鹭鱼在下腹部近圈足处。这三层"画带"由三条装饰纹样加以间隔，近口沿处为横置的绚索，猎豹与猎牛、

---

6 据《徐考》介绍，同样之器有两件，均流落海外。在比利时者，失盖与双环，在日本者则否。《徐考》图版7系前者，梅原末治《战国式铜器的研究》系后者，盖上有采桑歌舞图像。

猎牛与鹭鱼之间，有蟠螭纹带两条，上者狭而下者宽。

器盖有三个环钮，器盖边缘纯素，以圆周线作为人物的立足点，一群男女在桑间载歌载舞，器盖中心部位为一优美的圆涡图案，非常和谐地表现出来一种活泼快乐的气氛。

肩部的猎豹场面，一人面对一兽，都是两两相对称地连续成带，隔着蟠螭纹带饰的是猎牛，画幅纵线与上面的猎豹相对，因腹部直径加大而画幅加长，也应是人兽各一，但这里略作变通，牛后再加一牛，成了一人斗双兽，因而加重了被激怒的受伤野兽的描写，有如一群野牛冲击过来，从而陪衬出了猎者的从容镇定与机智勇敢。

腹下部是且鸣且走的水禽，只是一个写实性较强，而又略加装饰化的单体纹样的连续排列而已；由于器表作球面形，纹样在其上自然形成了一种透视感觉，好像一群水禽在竞相奔走，时隐时现，或大或小，形象就显得更加生动而富于变化了。

为了突出装饰性的效果，画面中的所有物象，无论其为人物、鸟兽、舟车、屋宇、树木，都是各个形体完整，互不遮掩，布满画面。最明显的例子是田猎场面中奔驰的战车，所驾四马或双马，一一画出，立乘于车上的御者与车右，也用"切去"车轮上半与车厢一侧的办法，以使乘者得见全身与动作的清晰。为使畜兽形象简洁，承袭了商周时期象形文字的某些表现技巧，如鸟兽都取侧面形象，兽之四足省作两足（鸟之两足有省作一足者），尾毛三歧。为了减少这种剪影式块体的单调感，往往加以镂空，使之玲珑剔透。至于一些大型动物，有斑纹者以众多的规整圆圈表示，受伤的野牛，体毛夸张为杏仁状图案，既表示动物狂怒的情绪，也使之装饰化，以与器物整体的规划互相协调。

介于绘画与图案之间，从前者转化（或者说简化）为后者的，是一种带有写实性的动物图案装饰，现在显示可见的有两种。一种是上述那件凫鱼猎壶下部所见，水禽与鱼可以看作是弋射场面的一种"边角小景"，从复杂而宏大的场景中游离出来；四耳猎纹鉴内壁近口沿处，一周曲颈鹅雁浮雕装饰，也属于这种性质[7]。另一种是刻纹鉴与匜上常见的松鹤相间而组成的带饰，这种等高而且等距的小株松树，是当时庭院有计划地种植，漫步其间的鹤类，也是专为观赏而豢养的，都不是自然景物，而是从绘画移植而来。中国古代原无植物纹样与图案，甚至汉画像石的周边装饰也不见这种例子，也都说明当时工艺师在协调绘画艺术的写实风格与青铜器的装饰作用之间，确乎是匠心独运而且颇具新意了。

三

这类画像青铜器很久以前便有所发现，因而清代故宫旧有所藏，但中国学者因受金石学传统的影响，注重文字与铭辞的研究，而对其上的装饰纹样与雕塑、刻划等艺术问题，往往不甚经意。但是对于西方学者来说，由于各自历史文化传统的不同，情况却恰恰

---

7 《徐考》图版 4 称之为四耳猎盂，盂应为鉴，第 579 页。

相反，兴趣正在艺术问题的研究方面[8]，他们非常敏感地察觉到，这类青铜器上的画像与商周以来传统的动物纹样，两者大异其趣。后者造型严谨，形态率多静止，每有定式而且变化迟缓；前者则风格写实，动物形态活泼飞跃，不拘一格。两者形成强烈的对比，这应是中国青铜器艺术演化的一次突变。他们结合当时北方草原所谓鄂尔多斯铜器之多畜兽的描写，与山西浑源县李峪村东周铜器群的发现，认为东周青铜器装饰之所以产生上述变化，主要是受到游牧民族艺术的影响。而在公元前6世纪前后，匈奴兴起之前，欧亚草原上势力最为强大的是斯基泰人（Scythians），他们的造型艺术以畜兽题材为主，成就卓越而影响广远[9]。这种斯基泰文化影响说，似乎言之成理，持之有故，因而20世纪三四十年代曾经风行一时，甚至国内的不少学者也曾有所信从。实际上，这种学说似是而实非，所以"似是"者，是因为中国青铜器装饰艺术在这个时期，的确出现了创新，特点鲜明；所以"实非"者，是对于像中国这样历史悠久、地域广阔、文化蕴积深厚的文明古国，在考古工作还很薄弱的年代，对出现的某些历史现象，过早地做出这样或那样的结论，未免是过于简单草率了。

首先，商周时期青铜器上的动物纹样，与东周青铜器上的狩猎图像，是性质不同的事物，彼此不便做等同的比较。

8 详见刘敦愿：《考古学与古代艺术研究》，载《刘敦愿文集》（上册），科学出版社，2012，第4—5页。
9 对斯基泰人社会与历史的翔实记载，详见希罗多德《历史》第二、四卷，商务印书馆，1959，第109—191、第265—344页；20世纪30年代流行之斯基泰文化影响说，详见《徐考》一文。

前者大多是宗庙重器，其上的动物纹样（包括某些几何纹样），往往代表的是某种神明，是装饰也是神圣的符号或标记，造型求其严谨庄重，不能任意更新变化；而东周以来的某些青铜器上的绘画，是为观赏而作，内容是风俗题材，创作既较自由，表现形式也可多样化，尤其是狩猎图像中的鸟兽，是追捕猎取的对象，必须写实生动，呈现出飞跃而富于变化的形态，否则也就不称其为狩猎图像了。目前遗憾的是商周时期的绘画还无发现，然而我们现在如果以战国时期传统纹样的礼器，与这类表现出"奇技淫巧"的观赏器物做一番比较的话，定也会出现同样的感觉，这就是因为两者是不同性质的事物的缘故。

其次，不可能想象世界上还会有不善于绘画的民族，也不可能想象还有一个绘画艺术没有发生或绘画艺术传统中断的漫长时代，需要从外部引进这种技巧，或者需要别个民族来进行引导，尤其是对像中国这样古老的文明来说更是如此。

20 世纪三四十年代的考古发现非常零碎，西方学者对于中国古代历史与文化的研究，也因语言文字方面的障碍，难于深入，这些都是他们的论述受到局限的不利因素。实际上，这类青铜器画像本身所体现出的依据，也足以说明斯基泰文化影响的主观片面性，他们在有意识地回避一些无可回避的问题，而以偏概全了。

最明显的例子，便是这类画像题材并不只限于狩猎一种，表现技巧的卓越也不只体现在动物形态的飞跃生动一个方面。华屋之下，鼓钟击磬，江河之上，舟师鏖战，都不是游牧民族生活所能有的，而蚕桑业的发明与昌盛更是中国古代文明的杰出贡献，在中原地区，采桑是最常见的社会活动，更为游牧社会所不见。如果说建筑与船舰等一般事物，描绘平平的话，那么采桑图像中的园林人物之美，可以说是曲尽其妙，没有对于生活的深入观察与高超的绘画技艺，是无法表达出来的。这些典型事例与斯基泰文化又有什么关系呢？为什么不从中国社会历史文化中"内省"，而又必须向异国远方去"外求"？

西方学者都十分了解这样的一个基本事实：古代希腊雕塑艺术的昌盛与成就的辉煌，远在 19 世纪初叶已为人所共知，根据文献记载，与之并存的绘画艺术也同样杰出，这也是必然的。古希腊雕塑品因质地关系，大量地保存了下来，而绘画则几乎全部湮没不存，后来随着考古事业的发展，到了 19 世纪晚期，在希腊与意大利，古希腊陶器"瓶绘"的大量出土，初步弥补了这方面的缺陷，因此当时的考古学家"极言此新材料的价值之重要。希腊绘画之古的历史可以说完全是画在粘（黏）土上的绘画的历史"[10]。这类瓶绘果然异常优秀，确能以小观大，反映了古希腊与雕塑相应的姊妹艺术的发展水平，这已是大家所熟知的常识了。如果以彼例此，中国古代青铜器上的这种图像，也应是"镌铸与刻划在青铜上的绘画"（推而广之，楚文化中的类似发现，是"髹漆

---

10 详见 [德] 亚多尔夫·米海里司著，郭沫若译：《弈屈鲁里亚墓地与古代绘画》，载《美术考古一世纪》，新文艺出版社，1954，第 72 页。

在木料上的绘画"）。虽说在数量上还远不及希腊瓶绘那样丰富，但彼此在性质与作用上是非常类似的。遗憾的是西方学者却从未做过这样的联想，甚至直到最近，这种"古老的"学说还时时为人提起，不免令人感到惊讶。这不仅仅是思想方法上的主观片面，与资料分析的有欠深入，而且是一种成见，是百余年来轻视中国，因而轻视中国古代文化艺术成就的一种成见，在考古研究方面的体现而已。

否定斯基泰文化影响说，不等于说中国古代文明曾经是与世隔绝的，或者说是完全孤立的。日益丰富起来的考古资料证明，北方游牧民族的影响，在商周时期的青铜器中已有发现，如柄端塑作马头、鹿头的削刀之类，与东周以来带钩的广泛应用。此外，镂孔牌饰与某些野兽相搏噬、后肢扭转向外（或向上）的动物都有所发现，然而在数量上极其稀少，说明这种影响，实际上是微乎其微的。而旧说的主要根据，仍然主要从动物形象的生动飞跃着眼，关于这一误解，已在前面反复地申辩过了。至于过去还曾提到的一些认为明确无疑是斯基泰文化元素的，如以人类头盖骨作饮器，与兵器之用剑之类，考古新发现也使之大有可议。前者在郑州商城宫殿基址沟槽中大量发现，自眉骨处锯平的头盖骨应是用作饮器的半成品，而西藏地区近代还在以头盖骨镶以金银用作法器；至于原始的剑，在西周时期便已发现，剑的起源是一元的还是多元的，也值得商榷。

如果说专作北方青铜器研究，讨论游牧民族与农业民族两种不同经济类型在文化影响方面的关系，把斯基泰文化作为其中若干因素之一而加以考虑是可以的。然而认为中国青铜器艺术一代风格之变，与中国古代北方绘画艺术内容之丰富，形式之写实生动，都由此而来，未免是过于简单而武断了。

如果说从文化影响的角度来探索这种青铜器画像内容的丰富性与技巧的某些变化，与其求之于北方草原，反不如求之于南方江淮地区。因为中华民族内部的这种经济文化交流，更是经常的、强烈的，关于这一点，反而时常为人们所忽略。现在举几个显而易见的例子。

水陆交战图像的攻城野战，当然是所在多有，但舟战则只行于吴楚之间与吴越之间，北方却是绝对不见的，但后来也为北方所喜爱。

北方狩猎对象，东周时期无非是虎、豹、熊、狼、麇、鹿、牛、豕、狐、兔之类，没有很特殊的种类了，但四耳猎纹鉴与河北唐山贾各庄铜壶上却见有象。象这种动物远在商周之际，便已在中原绝迹，《韩非子·解老》篇明说："人希见生象也，而得死象之骨，案其图以想其生也。"然江淮古代有象，在南楚之地生存的时间尤其长久，图像猎物中有象，显然不是事实，而是南方来的影响。[11]

青铜器中还有介乎纹样与绘画之间的"边角小景"，其中的

11　详见刘敦愿：《中国历史时期犀象的分布及其变迁》，载《刘敦愿文集》（下册），科学出版社，2012，第 697 页。

鸟蛇相斗的题材不少，可能具有某种宗教方面的含义，在商周青铜器中找不到来源，而在楚文化却较常见，而且都是较精致的与较大型的作品，如帛画、木雕与青铜铸品等[12]；操蛇之神也是如此，这类图像之起，总与古代豢龙、御龙之事有关，在北方早已成为陈迹，所以《庄子·列御寇》篇才有"朱泙漫学屠龙于支离益，单千金之家，三年技成而无所用其巧"的讽刺。但在南方，由于自然条件不同，艺术中的操蛇之神的形象，却较常见，而且延续的时间也长，最著名的例子如湖北随州市擂鼓墩二号墓出土编钟，与湖南长沙市马王堆一号汉墓黑地彩绘棺画像所见。

至于上海博物馆藏的刻纹椭杯，出土地点不明，其上所见双凤虡鼓的描写，当然是楚文化的产物；屋檐外伸，基座筑于桥型基址之上，也像是南方多水、多雨地区的建筑物。这些图像或是北方画师描写的南方景物，或者本身就是南方的制作，二者必居其一，如此等等。

青铜器画像与装饰纹样，两者性质不同，表现技巧自然各异，然而古老的一些传统仍然隐约可见，已如上述。当时的南北绘画艺术与工艺品侧重点不同，而同时共存，因此我也怀疑南方漆绘可能影响及北方的这类画像，后者中某些装饰性浓厚的斗兽、戏兽类图像，大都是曲线组成，轮廓浑圆，说明最初的起稿，很注意笔画的流畅，十分可能仿自漆器绘画，而与商周以来传统纹样

---

12 详见本书《试论战国艺术品中的鸟蛇相斗题材》一文。

之多直线，仅在转折点与收尾处有曲线者大异其趣，当与后者之以刻镂为主，所以才产生这种差异之事有关。

综上而言，这类画像青铜器发现的数量是很有限的，其上的图像形体小，而且杂厕于各种装饰图案之中，因此不甚引人注意。然而这是绘画，是当时绘画的缩影，是一种形象性的史料，无论对于研究古代绘画艺术的发展本身，还是历史的与考古的研究，都是如此，所以特别提出讨论，以引起大家的重视。近几十年来考古发现日新月异，如今报道新资料与研究新问题不暇，对上述材料似乎没有迫切的需要，但我认为对于旧资料的整理与旧问题的思考，仍然非常必要，没有这种学术上的"反刍"式的深入，要求取得提高大约是非常不容易的，这也是本文之所以写作的动机所在吧。

原载《纪念山东大学考古专业创建二十周年文集（1972—1992）》，

山东大学出版社，1992 年

狩猎纹鉴

狩猎纹鉴，春秋晚期至战国早期，通高 28 厘米，最宽处 66.4 厘米。美国弗利尔美术馆藏。敞口，沿平折，鼓腹，平底，矮圈足。颈腹部有对称的铺首衔环耳：兽面立雕，环扁平，有弧线状回纹。主体图案分为三层：口沿饰三角回纹带，上腹部饰奔车射兽的狩猎纹带，下腹部饰武士狩猎纹带。刘敦愿先生在《青铜器上的狩猎图像》中评价这件青铜器的纹饰说："画家设身处地，从御者的位置进行观察，以车辕为准，不仅一匹立在另一匹的背上，而且分左右方两两相背排列，形象十分奇特。"

错金银狩猎纹铜镜

错金银狩猎纹铜镜，战国，直径 17.5 厘米，传河南洛阳金村出土，日本永青文库藏。圆钮，镜背饰三组两两相对的连体龙纹，龙纹间配置三组纹饰：一组为身披盔甲、持剑握缰的骑士欲刺一张牙舞爪的猛虎，一组为两兽搏斗，另一组为一只展翅的凤鸟。刘敦愿先生认为，这幅狩猎图像于艺术成就之外，也为研究中国骑兵兴起提供了珍贵的、形象性的资料。

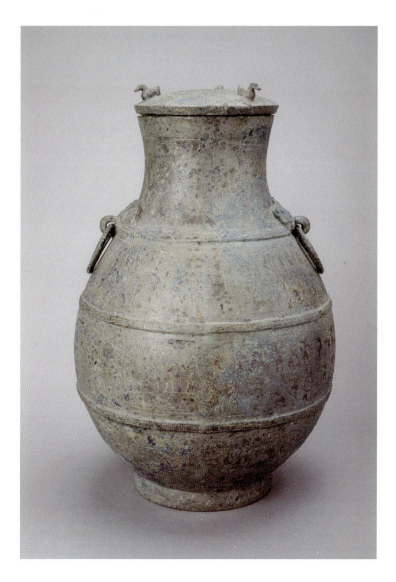

嵌错宴乐采桑攻战纹壶

嵌错宴乐采桑攻战纹壶，高 40 厘米，口径 13.4 厘米，四川成都百花潭出土，四川博物院藏。器小口、深腹，长颈溜肩，平底圈足，盖饰卷云纹、圆圈纹及兽纹，三鸭钮鼎立。全器主体纹饰从上至下分为四部分：第一层为习射、庖厨、采桑、歌舞画面；第二层场面宏大，为宴饮、舞蹈、习射等画面；第三层为攻城、陆战、水战的画面；第四层为狩猎画面。刘敦愿先生在对狩猎、采桑等图像的分析中，多次运用了这一器物的图像，特别是对采桑图像的分析，与原报告中所言的再现了采桑图景不同，刘敦愿先生认为铜壶图像中伴随少女采桑的是腰间佩剑的男子，那么这一图像就是表现男女爱情的内容了。

宴乐渔猎攻战纹图壶

宴乐渔猎攻战纹图壶，壶高31.6厘米，腹颈21.5厘米，故宫博物院藏。侈口，敛颈，鼓腹，最大腹颈在中部，矮圈足。全器主体纹饰从上至下分为三道：第一道表现射礼和采桑；第二道一侧为飨食礼，上面是宫室宴飨，下面是击磬伐鼓鸣钟场面，另一侧表现弋射和捕鱼场景；第三道表现水陆攻战场面，一侧为陆上攻城战场，城下战士架云梯攻城，守城将士在城上抗击，另一侧为水战战场，两只战船正在激战。画面表明从春秋发展起来的人物画像至此已相当成熟。

试论中国古代绘画中的
透视观

　　绘画艺术的特点是在二度空间的平面上来表现三度空间的立体事物。正确处理物象彼此之间的前后远近关系，以及物象本身的一些微妙变化，是画家一直致力解决的问题。近几百年来透视学研究的深入，以及百余年中摄影术的发明与进步，为画家进行创作时正确处理画面中的空间关系提供了有利条件，使画家在创作时得以应对裕如。至于古代，情况当然就不相同了，画面上物象前后远近关系的处理，长期给画家们带来困扰，迫使他们进行种种探索与尝试，但也因此推动了古代绘画艺术的发展，并为我们留下了许多珍贵的文化遗产。透视学的发生与发展，诚然为画家进行艺术创作带来很大的方便与自由，然而前者终究是一种应用科学，与后者是不同性质的学科，但彼此有着密切的关系，然而这种关系只是相对的，而且与艺术的成就也不是同步进展的（推而广之，解剖学、色彩学之于造型艺术的关系也是如此）。这大约是世界艺术史上的普遍现象，中国古代也不例外。

中国古代绘画资料缺乏，可能尚有待于考古发掘进行寻找。战国以来的青铜器、漆器上的画像，少量的帛画也有发现，对于我们探索中国古代绘画中的透视观问题已可用作凭借。至于汉代，绘画资料因东汉时期画像石艺术的盛行，已可说是空前的宏富；而西汉时期的帛画与镶嵌工艺品的发现，于民间艺术之外，提供了高层次的精工作品，更有助于我们做全面的考察。现在便在这样的一个范围内，做一些有限的研究。

战国时期青铜器与漆器上的画像，由于用途的关系，十分强调装饰效果，因此特别注意保持每个或每组物象轮廓的完整。无论是人物、鸟兽，还是屋宇、树木，还是舟车、兵仗、旌旗，都一一有如剪影，满布于器表，互不遮掩，非常清晰，甚至为了避免兽足互相遮掩，把四足省作了两足。这种做法影响及于帛画，长沙出土的人物龙凤帛画便把凤鸟上张的双翅省作了一个。在这种情况下，物象纷然杂陈的场景，如需区别层次，必然要以物象的上下位置来表示远近关系。例如：宴乐场面中，华屋之下，宾主杯觥交错，表示尊者、贵者的酬应在上；堂下的筍虡（乐器支架）、悬钟与磬，表示乐工的演奏在下。观者先见乐工演奏，后见宾主饮宴，因此，在下者就是在前，在上者也就是在后（图一）。田猎图像中，大小野兽布满画面，见两辆猎车相对奔驰，也是远

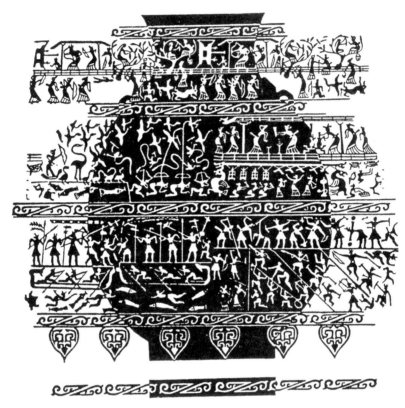

图一　战国宴乐渔猎攻战纹图壶图像

图二　战国狩猎纹鉴上的狩猎图像

者在上近者在下（图二）。竞射场面，如果射者背对观者，那也是靶位在上，射者在下，前者远而后者近，问题都比较简单。

如果结构或组合复杂的物象也依照上述原则处理，就会遇到很大的困难。以画竞射的场面为例，并排而立的一对射者（也就是古代所说的"一耦"），如果一人立于另一人的头上，人物就突出屋顶之外了，于是只好画一人在左一人在右，也就是一人在前一人在后，这自然是竞射规则所不允许的。不过这种情况很少见，也许是一种变通办法。

战国青铜器上狩猎图像常见，但以个体行猎的为多，以车猎为主的巨大场面也有，但为数较少。在这种场面中，猎车居于主要位置，形象最为突出。猎车的结构是单辕四马或双马，三马的也有（汉画像石上三马为多），轮轴上装有车厢，猎者与御者都是立乘，前者以弓矢或长兵猎取野兽。为了使轮廓完整而清晰，就需把马匹全部画出，而且不许互相遮掩，于是只好采取一匹马站立在另一匹马背上的办法来做处理。由于各马是并驾齐驱，互相紧贴，如此处理已很勉强，但目前的情况却是一边的马脚朝下，一边的马脚朝上，形成背靠背的滑稽景象。估计中国古代画家不是从观者的角度，而是从画中人的角度来看马匹的。画家认为，如果从车中人的角度来看，这些马匹不应该向一边倒，而应该是向两边倒的。这类狩猎场面，由于人物畜兽形体过小，马匹的状写也不精确，因而难免使人怀疑当时的绘画技巧还停留在原始的或童稚的阶段。实际上并非如此，当时对于飞禽走兽都有很精确而生动的描写,对马也是如此。传洛阳金村出土铜镜上的骑士所乘,就是最杰出的代表。车猎图像上出现的这种终究不足为训的办法,只不过是在透视关系的处理上遇到了烦恼而已。

从现有的资料来看,秦代与西汉的画像艺术,打破了古代装饰性绘画创作带来的束缚,允许物象的状写互相遮掩,因而给表现方法带来了巨大的自由,为画像艺术的发展开拓了一个广阔的天地。

湖南长沙马王堆 1 号汉墓出土的帛画上所看到的人物群像,使用参差重叠的方法表现并排而立的侍者(图三);陕西咸阳第 3 号秦代宫殿遗址壁画残迹上,也使用这种方法来表现"结驷连骑"的景象。四匹奔马有如纸牌那样依次向上排列,除最下(也是最近)的那匹是最完整的之外,其他的只见马头与马背(图四)。这样既表达了它们的并驾齐驱,也显示出了空间关系的纵深发展,与战国青铜器画像中画马的方法作比较,自然是进步多了(不过画马仍是两足,保持前代的习惯)。这种画人、画马的方法是秦代与西汉首创,还是战国便已有了,只是在青铜器、漆器上未曾采用,目前还无从推测。总之,自此之后,这种画法便很盛行了,尤其在汉画像石艺术方面表现最为突出,也最为充分。

在汉代造型艺术中,对于马的描写与塑造居于很重要的地位,也取得了很大的成功。马自然是一种很有用的家畜,而且形象矫健优美。但在汉代,依照统治阶级的观点,马的作用却侧重在骑兵作战与显示威仪两个方面,所谓"马者,甲兵之本,国之大用。安宁则以别尊卑之序,有变则以济远近之难"(《后汉书·马援

图三 湖南长沙马王堆 1 号西汉墓出土帛画中的人物形象

图四 陕西咸阳第 3 号秦代宫殿遗址壁画残迹

列传》）。这两个特点在汉画像石上都有体现，而"安宁则以别尊卑之序"的特点更为突出。汉画像石车马出行的题材最为盛行，构图往往采取区分层带的方式，在一个狭长的横幅中，画贵族、官僚的出行，车骑成列，驱骑导从，辟车伍伯，前迎后送，成为一种格式，只不过依墓主的身份、等级的不同，而有场面的大小之别而已。在相当有限的面积里安置如此众多的人物车马，如果没有透视处理，而仍然像过去那样剪影式地满布画面，那简直是不可想象的事情。

咸阳秦代宫殿壁画对于驾车骊马的处理，仍然是以上为远，以下为近，不过这些马匹是依次向上重叠，较之战国青铜器上的画马要紧凑多了。汉画像石的画马，采用的同样是这种俯瞰式的角度，且更富于变化。如有的以画幅的边缘作为立足的基线，参差地并立着两匹或三匹马，仍然是依次向上重叠，不过不像秦代壁画那样把马头排列在一根垂直线上，而多是安置在向前斜出的一根直线上，同样是只有第一匹马是完整的，其他则是不完整的。但秦代壁画的这种重复，强调的是马头到马尾那条背脊曲线，而汉画像则着重在各马的头、颈与前肢，即马形最神俊的部分，既继承了秦代画马而又有所发展，同样是在节约画面，但既表示了车骑行列的整齐，又渲染了气势的显赫，其表现技巧是很成功的（图五）。

汉画像石在画马艺术方面的一项重大突破，是对正面的马与骑者的描写，这在山东地区是可以常常见到的。大多数是马与人面对观者（图六），少数则完全相反。在车骑前进行列中，这类

图五　山东嘉祥东汉武氏祠画像石上车马图像

图六　山东嘉祥东汉武氏祠画像石中正面的马与骑者图像

正面的骑者可能是指挥者；在巨大复杂的场面中，有背面的形象，却是导骑的性质，表示出行列的行进或某支军队转入另一个方向；也见画楼阁大门，门面宽阔，骑者有正有背，表示有出有进，处理方法十分大胆。

历来描绘动物大多采取侧面形象，这样比较容易突出它们的形态特征，而采取正面画法，必然使得鸟兽形象出现"透视缩短"问题，如头部大而躯体小、四肢或尾翼不全，描绘困难而且效果不好。因此之故，不仅在古代，就是在近现代，一般的绘画创作也尽可能地加以避免。而汉代画家在创作上却勇于探索，不仅画马敢于做正面描绘，就是对于站立的大鸟、作搏噬姿态的猛虎，也做过同样的尝试。当然以画马最为常见，也最精彩。

人物、动物做纯侧面的剪影式描写，诚然可以使物景的特点鲜明，然而同时也为图像带来了平面化的缺陷。如果从俯视、侧视采取2/3、3/4等角度的描写，使躯体微转，既可使人物、动物的姿态、动作富于变化，揖让俯仰、奔驰搏噬，无不宛转如意，又使物象具有立体感，透视关系的处理亦可提高到一个新的高度，中国古代绘画艺术也加速了它的发展。这在战国时期的个别佳作中已经看到了微弱的萌芽，西汉时期的绘画也是如此，对透视关系的处理水平都较一般想象的要高。例如传洛阳金村出土铜镜上的骑士刺虎图，战马猝然遇虎，踟蹰嘶鸣，胸颈与前肢很富立体感；咆哮着的猛虎，虽然装饰性很强，但也改变了侧面剪影的格式，从背面进行描写，不仅画全了四足，且躯体扭曲，四足显隐互见，充分体现了困兽犹斗的神态。河北定县（今定州市）西汉墓出土鎏金车饰上的画虎[1]，也有类似的描写，体现了躯干的圆浑；画鹤也是飞走奋鸣，曲尽自然生态之美，不像人物龙凤帛画那样，为了装饰效果把另一翅膀省略去了。

这类进步的画法，在汉画像石艺术中得到了继承与发展，主要表现在画马方面，特别突出头、颈与前肢，既体现了马匹的膘壮、奔驰的快捷，也使形象更富于立体感，这在四川某些画像石（砖）有很杰出的表现（图七）。人物群像的描写，内容简略，形式单调，表现难度较大，但有的也很成功。如"孔子见老子图"是山东画像石中常见的历史故事题材，一般都画得比较板滞，而嘉祥武氏祠所见，人物的坐立俯仰、揖让周旋、顾盼言谈，变化最为丰富，既是人体解剖学运用的进步，也是透视学上以有限的面积表现空间纵深关系的佳作，与车骑行列的描写收到异曲同工的效果。至于以物象的大小来表示距离远近关系的变化，在中国早期绘画中是极为罕见的。车马人物无论是以位置上下关系，还是以形体的错落遮叠来作表示，实际上都不过是一种等量的重复，而以身体的大小来表示人物社会地位的贵贱、尊卑、高下，不仅与透视变化完全无关，甚至还是违背透视学法则的。依照种姓观点，以人物形体大小来区分"君子""小人"，是突出绘画与雕塑艺术品中主要人物常用的手法，是世界古代艺术通例，中国也不例

1　编者按：据河北省文化局文物工作队《河北定县北庄汉墓发掘报告》（《考古学报》1964 年第 2 期），将"金错车饰"改为"鎏金车饰"。

图七　四川出土东汉骑吏画像砖

外（见本文图三，上）。但马王堆 1 号汉墓帛画的侍宴图中，因鼎、壶位置在前，所以形体特大，已寓有近大远小的含义在内（见本文图三，下）；山东画像石中，有幅作品人物分为两组，左侧主客对坐，大于身后的婢妾，右侧两匹马小步奔跑，旁立一人，似在观察比较彼此的优劣，人物很小，也正确地表示出了远近关系。不过这样的例证终究是很罕见的。

对于建筑物的描写，在战国青铜器画像中，无所谓透视处理，都是正立面的机械投影，除了表示是人物活动场所之外，对于活动于其中的人物而言，仅起一种"边框"作用，室中的几、案、鼎、俎之类陈列，数量很少，也都是些简单的侧面形象（见本文图一）。这种情况在汉画像石中，因装饰的需要，依然继续存在之外，较复杂的独体的与成组的建筑也大量出现，前者如独立的厅堂，后者如地主庄园的四合院平房、富贵者的堂宇楼阁，不仅能够表示建筑物的立体感，而且基本上表示出较多的建筑物的组合关系，如六角多层楼阁，也能体现它的结构特点（图八）。所有的这些建筑物，为了表现它们的立体感与纵深关系，也都是采取俯视的角度，有如立足山腰，俯瞰山下人家，能看到房舍的屋顶、室中的地面、桥梁两面的栏杆与桥面的通道。为增强立体感，垂直观者的立面都一律作菱形，换言之，有如画立方体之必须具备正、侧与上方三面。

　　至于正方形、长方形的物件，平面都画成斜角的平行四边形，

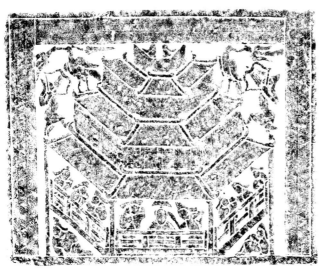

图八　山东费县潘家疃出土东汉画像石

比较简单，几案、坐榻等立体家具的处理方法大体也与建筑物相同。在简单的画面中，表现方形的斜线大多采取一致的走向，但在复杂的画面中就难以如此了，往往是物象的立体感、走向的或左或右、角度的或此或彼，都没有一定。不仅早期绘画如此，就是唐宋以来的绘画也是如此。现代建筑家与室内装饰家如果据之做复原工作，建筑与家具的布局与组合必然要遇到种种难于协调的矛盾。

值得特别介绍的是，从战国到东汉这段时间内，在绘画艺术中还盛行一种类似后世图解的作画方法。

战国青铜器画像中的舟战、桨手全部隐蔽在船只的舱中，在外面原来是看不见的，但图像却把船身的内部结构、桨手人数以及运桨方式等，都画得一清二楚；弋射者所乘小船，也是只见船身的纵剖面而不见船舷；弋射者的帷幕画出正中的支柱、弧形的外部轮廓和帐外的一具杵臼，可清楚看出杵在臼中（图九）；为使御者、猎者立乘形象完整，双轮车的车轮只画出下半，四轮车车厢省去边栏（见本文图二）；宾主酬应场面中，为了表示案上的壶罍中盛有酒浆，有的在器表肩腹处画一横线，有如盛在玻璃器皿之中[2]；这时的庖厨题材画像，也常见类似的形式，鼎也画成剖面的，点画其中，表示有物；等等。以这些图像与现代机械制图或考古学剖面图作比，原理可说完全相同，只不过前者没有像考古器物图像把另一半保留，用以表示其外部形式罢了。

2　这类可以透见器中盛酒的画像，分见山西长治分水岭 12 号墓与湖南长沙黄泥坑 5 号墓刻纹铜匜。图见《考古学报》1957 年第 1 期，第 109 页，图 2；1959 年第 1 期，第 49 页，图 2-2。

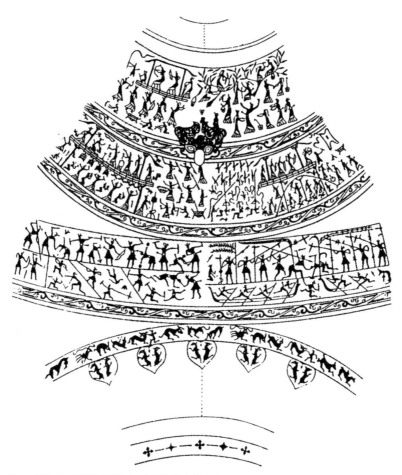

图九　四川成都百花潭中学出土战国青铜器上的图像

到了汉代，上述种种情况大都不见了，但处理建筑物与人的关系问题，仍然与战国青铜器上所见略同，即为了突出人的活动并使形象完整，建筑物十有八九画成凉亭与长廊的形式，但实际情况不会都是如此的。

另外还有一种双人对博的图像，可能为图解式作画提出新例。"六博"大约在战国时便已有了，汉画像石上常见的描写一般都是对弈者席地而坐，地上置两盘，一为六博，一则放置算筹。山东所见，则是两人之间有一几案，仅画侧面形，即只画两足（不知何故，都向一边倾斜），几面上空，两个对弈者中间，画一正方形的六博棋盘[3]，清晰地刻出其上的区格。这种表现手法既充实了画面构图，又起到一种图解的作用，清楚地表示出几案所陈是六博而非其他（图一〇）。

从以上所举例证来看，这种对舟车器皿结构的剖析，与对弈图像中侧视图（投影的或透视的）与俯视图的结合，正是近代机械制图所广泛运用的方法，然而在中国古代，远在公元元年前后的绘画艺术中，却已出现了它的萌芽。如果从中国古代科技史研究的角度来予以评价，这又是我们深可引以为自豪的。

之所以如此，原因也不是偶然的。早在商周甲骨文、金文中，我们在某些绘画因素浓厚的象形与会意字中，便已看到使用剖面

3 　一般汉画像石六博图像，率作二人对坐，地上置两盘，一为博局，一置算筹，确与本图有异，试对比傅举有《论秦汉时期的博具、博戏兼及博局纹镜》（《考古学报》1986 年第 1 期）图 5、6 所引山东、苏北、四川画像石六博图像便可察见；但本文所引，是否也是两盘，一盘可见，一盘平置几上因而不可见，图像有欠清晰，姑且存疑。

图一〇　山东东汉画像石所见六博

表示器物结构、用途或某种含义的方法了。例如："皿"字表示一个圈足而口沿外卷的盆盘;"鬲"字画出三个空足而不具口沿,其中置鸟,其下生火表示烹煮;"铸"字画双手执倒置的坩埚(俗名"将军盔"者)表现冶炼金属;祭祀坑画倒 U 字形剖面,其中实以鸟兽人畜;箭袋可以从外面看到袋里的箭;"家"字、"溷"字可以从外面看到屋里的猪;等等。中国的早期文字来自古代的绘画,却又给了后世的绘画以一定的影响(图一一)。

　　根据以上的介绍与分析,我们可以看出,汉代以线条表现为主,对人物、动物、建筑、器具的透视关系的探索,为中国古代绘画的发展奠定了基础,但此后的改进与提高则很有限;宋代及其以后,色彩的运用与水墨的晕染画法兴起之后,于几何透视法之外,又有了空气透视法的运用,以烟霞云雾的变化来显示出山川

图一一　商周甲骨文、金文

林木的层次、原野空间的深远，并取得丰富而杰出的成就。至于明暗透视法，由于以明暗表现物象的凹凸在中国古代绘画艺术中运用有限，始终没占据重要地位，因此以物象的亮度、清晰度与否来显示远近前后关系的表现，也就必然罕见。

中国古代对于透视学的研究见之于文献记载的，以南朝宋人宗炳（375—443）《画山水序》为最早，也最有名。他说：

诚由去之稍阔，则其见弥小。今张绡素以远映，则昆阆之形，可围于方寸之内。竖划三寸，当千仞之高；横墨数尺，体百里之迥……如是，则嵩华之秀，玄牝之灵，皆可得之于一图矣。（唐张彦远《历

代名画记》卷六引）

宗炳的这个尝试与发现都是非常有意义的。欧洲自文艺复兴以来，许多艺术大师都曾从事透视学的研究与试验，德国名画家丢勒（A.Dürer）便曾隔着玻璃板来观察物象（包括人体）的形体变化。这与宗炳的"张绡素以远映"，在研究方法上，可以说是不谋而合[4]，而中国却早了千余年之久。

然而宗炳的这个发现也不是偶然的。从秦汉以来，画家们在处理物象的透视关系方面做过长期的艰苦努力，有此作为基础，后世才收到了水到渠成之效，否则也不大可能。至于宗炳的这个重要发现之所以没有得到继承与发展，很明显的一个原因是，他的观察还只限于自然景色，而他所处的时代，恰恰又是山水画只作为人物的配景，地位还无足轻重的时代，正如张彦远所说的"其画山水，……或水不容泛，或人大于山"的时代，而山水画则到很晚的时候才得到独立与充分的发展，宗炳的这一卓越见解，已没有再用之于绘画创作的可能，因而只好非常遗憾地听其埋没了。

至于山水画独立并充分发展了之后，宗炳的这一发现，也仍然为人视而不见，未受到重视，直到近代西方透视学传入中国之后，人们才真正认识到它的价值。其原因可能是中国山水画在理论上已自成独立的体系，很难再改变这个历史传统；另外，对于建筑物，尤其是对于复杂的建筑物或建筑群，缺乏专门的认真的描写。因

---

4 中国古代画论中的"远水无波""远人无目"，或也含有此意。

而对于透视学研究的需要不甚迫切，以致缺乏推动的力量。但总的来说，透视学也与解剖学、色彩学一样，虽然与绘画艺术的关系相当密切，然而终究属于自然科学的范畴，彼此不能等同。欧洲绘画艺术的发展，与这些科学的结合，经历了一个由拙入巧，然后又由巧入拙的过程；而中国则不然，由于封建社会的长期停滞，科学技术的发展受到了很大的限制，古代画家在由拙入巧方面做了巨大努力，然而对于由巧入拙，却未再做尝试，因而便很难看到新的突破，最后只好从西方绘画艺术中来取得借鉴了。

原载《美术史论》1988 年第 4 期

中国古代绘画艺术中的
时间与运动

　　绘画艺术的特点是以二度空间的平面形式再现生活，在这方面，与一般摄影技术的功能类似，即只能以画面的"一顷刻"来表现所描绘的物象，因此在表现时间与运动方面，必然具有很大的局限性。为此，画家如何"选择最富于孕育性的那一顷刻，使得前前后后都可以从这一顷刻中得到最清楚的理解"[1]便成为绘画创作的一个重要课题。法国伟大的雕刻家罗丹对于这个问题曾做过专门的论述，他以古今艺术大师们的杰作为研究对象，发表了许多很深刻的见解。所引用的范例，固然是以单一主题的某幅绘画或某座雕塑品为主，如席里柯的《爱普松赛马》、吕德的《马

1　［德］莱辛著，朱光潜译：《拉奥孔》，人民文学出版社，1979，第83页。

赛曲》和他自己的《加莱市民》等，来说明如何使欣赏者从这"一顷刻"的静止的物象中，突破造型艺术特点带来的局限，想象到与图像有关的时间与运动。与此同时，罗丹也提到了另种"原始的"表现方法，即在同一个画面之中，使用数个不同场面的描写，表现出时间的进行与事态的发展；或者说是，将描写不同时间内发生的情节的多幅绘画，融会在一个巨大的画幅之中，用以取得戏剧般的效果。为此他特别列举委罗奈斯的《欧罗巴》与华多的《发舟爱之岛》为例子，并做了详细的分析。[2]

罗丹的这些卓越的见解，对于我们从事艺术创作，自然可以提供丰富的营养，就古代艺术的研究而论，我们也可以由此获得种种重大的启示，从而加深我们对于古代艺术品的分析与理解。因为罗丹所言既是艺术创作法则，估计在古代，必定也可看到种种原始的、简单的、萌芽状态的迹象，如果加以发掘与整理，从中探索其发生、发展与继承关系的轨迹，未必是不可能的。尤其是中国地下蕴藏的古代文化遗产，随考古事业的发展而资料日益丰富，其中许多小型的精致的美术作品，数量相当可观，然而大多数由于形体细小，或形质古旧（甚至是残破的），又出自无名匠师或民间艺人之手，因此隐没在一般生活用具与工艺品中，未曾受到应有的重视；实际上，却是小可观大，据之可做多方面理

2 ［法］罗丹口述，保罗·葛赛尔记，沈琪译：《艺术中的运动》，载《罗丹艺术论》，人民美术出版社，1978，第41—45页。

论的研究，是一个有待进一步开发的园地。现在便以绘画艺术的时间与运动为中心，就我个人过去所做某些研究时接触到的有限资料，选择一些曾使我印象深刻的例证，做一个初步的尝试。

[例一] 中国古代的奔马，几乎都是"爱普松"式的赛马

罗丹曾举《爱普松赛马》一画为例，认为席里柯画的那种极力奔驰的群马，"像俗语说的那样，肚子碰着地奔跑——就是说马蹄同时伸向前后"，但这在现实生活中是根本不存在的，"若说是发生在同一时间内，那么这样的动作是虚假的，但是从各部分相继地去观察，那便是真实的。既然它是我们见到的真实，给我们深刻印象的真实，而我们认为重要的，就是这种唯一的真实"。他认为这种艺术的真实最可珍贵，"因为实际上时间不会停止"。

根据这段人所共知的名言，反观中国古代绘画艺术中的奔马，便令人十分惊讶地看到，几乎无例外的都是"爱普松"式的奔马（图一）。例证自然俯拾皆是。

河北定县（今定州市）122号墓出土一件西汉狩猎纹铜车饰，全形作管状，长26厘米，径3.6厘米，在如此狭小的面积里，分四个区段，用细如毫发的金丝嵌出126个人物与鸟兽。在第二区段里，勇士射虎居于中心部位，他的坐骑与尾随扑来的猛虎，都是四肢分张的姿势，显示出马的疾驰与虎的雄健，十分生动（图一，1）。山东沂南汉画像石墓出土的角抵图像，其中的马术表演里，

1

2

3

1. 河北定县西汉车饰纹样
2. 山东沂南东汉画像石图案
3. 甘肃嘉峪关新城曹魏墓壁画

图一 汉魏绘画艺术所见奔马

献技的儿童所驾驭的也是这种"肚子碰着地奔跑"的马匹（图一，2）。汉画像石的奔马大都是（当然还不能所有是）如此，现实的与神话奔兽也是同一设想。这种"爱普松"式奔马估计战国时期便已出现，在日后的中国绘画以至雕塑艺术中，形成了一种传统的样式，长期沿用（图一，3）；甚至到了唐代，画马技术已很娴熟，表现方法已渐复杂的时候，这种画马方式仍然居于主导地位，昭陵六骏中的青骓、什伐赤、特勒骠三骏也是如此，由此可见一斑。

19世纪杰出的现实主义绘画大师与公元元年前后中国古代无名师匠彼此不谋而合，也说明这种艺术上的真实在人们的审美心理方面竟然具有如此广泛的基础。

［例二］弋射场面中动态与静态描写的结合

以风俗画类题材用作图案的基础单位，移植于青铜器上，是中国青铜器艺术装饰方法上的一项创新，由于绘画风格写实，因此具有很高的史料与艺术价值。这里只就弋射与舟战做些论述。

弋射曾是中国古代很盛行的一种射鸟方法，系丝绳于短小的矰矢之上，绳末再系以石，射中猎物后，可以从容收回，防止它们带箭飞逃，或坠入草莽之中难于寻找。这种题材常见描写，而以故宫博物院所藏宴乐渔猎攻战纹图壶（以下简称"宴乐铜壶"）上的那幅水平为最高。在壶身肩部不太大的面积中，画沼泽之旁，以群鱼与小舟象征水的存在，一群全身祖裸的射者，除了一人立于舟上，其余的都伏身于蒲苇之中，仰射被驱赶起来的雁群，虽然应该是"远人无目"，但这些水禽却被一一画出目与喙，以显示惊恐鸣叫的刹那情景。天空完全为飞鸟所充满，中箭者在扑打挣扎，有的已在回旋下坠，幸免者则高飞远扬，状写可以说是相当全面。然而在画幅的左下部分，却出现了一些不合理的现象——一群水禽兀立在水边，尽管天空群鸟惊鸣，中箭者就要坠落到它们的头上，但是它们竟然无动于衷，奇怪极了。（图二）

然而，如果说从追求艺术的真实，以这一个角落静态的描写，来弥补整个弋射场面的不足，完整地标志弋射环境特点与弋射过程的连续性的角度来看的话，这又是一幅很成功的绘画作品。这个角落不仅描写出弋射地点的景色，也说明弋射开始之前，曾有片刻的宁静——以雁群为主的水禽（其中显然包括涉禽），栖息在水边，或延颈凝望，或互相抚偎；弋射开始之后，群鸟冲天而起。场面既如此壮观，弋射的时间程序也就表现无遗了。

图二　宴乐渔猎攻战纹图壶画像局部

[例三] 舟战中桨手们的"对撞"行为

　　舟战也是战国青铜画像常见的题材。舟战是行之于南方多水地域的一种作战方式，先秦时期用于楚吴与吴越之间。文献记载很简略，图像提供了较具体的情节。战船的结构奇特，舱面形成一个平台，除了旌旗、金鼓、兵仗而外，别无其他设施。这类镌铸在青铜器上的图像，采用解剖式画法，甲板下的桨手，虽然历历可数，但实际上是隐蔽于舱中用以保障安全，在外面是看不到的。作战时敌对双方的船头紧贴，这样既便利两军短兵相接，也可使胜利者追击夺船。"宴乐铜壶"上描写的是鏖战方酣的刹那（其他铜器上的舟战也是同一格式）[3]，在这种情况下，桨手配合战斗，理应放缓运桨活动，有如运船靠岸，仰身反划，使双方船头紧贴；如今见到的却相反，双方桨手都在俯身跨步，有如龙舟竞渡的姿态，像是在使两船对撞。舟战中这种情况不排除偶然有之，两方猝然相遇，位置有利的一方以船头撞击对方侧舷，或是情况危急，决心与敌人同归于尽，否则恐怕一般不致使用这种对双方都不利的办法。这个问题看来貌似有欠精确，实际上却是画家的匠心独运，所要表现的是接战之前，双方全速前进寻敌求战的心情，把舟战的时间向后做了追溯，把不同时间内不同的动作"浓缩"在同一场景之中。

3　例证见本书《舟战图像小议》一文图二。

图三　山东微山县两城乡土图神医行针图像

[例四] 神医扁鹊的针脉并举

山东曲阜孔庙中藏有几方神医针灸行医画像石，内容都是一位半人半鸟的古代神医在为鱼贯而来的病者按脉施针。这位神医可能便是传说中的名医扁鹊（图三）。

举凡诊治疾病，总是先行诊断，然后才进行治疗，中外古今没有例外。汉画像石扁鹊针灸行医图的作者定然也是懂得这一点的，然而却出现了按脉与施针同时并举的违反常识的描写，这只能以作者的目的在于表现时间的进行来做解释。

[例五] 性文化描写中的"彼有其具"

史前时期男女地位平等、男女婚恋生活自由的历史传统，能够顽强地保存长久，但由于时过境迁，后世已难于理解，往往被看作是奇风异俗，这是各国历史中屡见不鲜的事。《诗经·国风》中便保存了许多男女情爱以至欢娱幽会的描写。《周礼·地官司徒》：

媒氏：掌万民之判……中春之月，令会男女。于是时也，奔者不禁。若无故而不用令者，罚之。司男女之无夫家者而会之，凡嫁子娶妻，入币纯帛无过五两。

这大约是行之于民间的、习惯性的"婚姻法"，而与贵族阶层繁缛的婚礼有异。20世纪30年代中期，有学者从文化人类学的角度对比进行科学的研究，指出这些奇风异俗渊源有自，不过是远古群婚与对偶婚制的一点残余迹象而已，在当时的中国学术界中曾引起巨大的反响。

至于这残余习俗，在中原地区（少数民族地区自然例外）究竟延续到什么时候，便很难说了。春秋战国是中国古代社会经济发生剧烈变化的时期，种种原始的与较古老的制度与习俗估计在此时疾速地消失了。然而出人意料的是，近年在山东平阴县孟庄的一座东汉画像石墓的墓柱上，发现成组的节庆风俗题材的画像，成群的男女日以继夜地进行狂欢舞蹈（地表画有篝火，可知包括夜间）。与以往出土的画像石风俗题材不同的是，在这里毫无避讳地直接描绘出男女的性器官，个别的还对男女正在交媾与准备交媾做了表现，简直可以看作《诗经·鄘风·桑中》《诗经·郑风·溱洧》等诗篇的插图而有过之（图四）。古语说："礼失而求诸野。"三代的典章制度，在几百年中被扫地无余（儒家"托古改制"，是它的再生形态，是另外性质问题），而种种极为古

图四　山东平阴县孟庄东汉画像石

老的风俗在"齐鲁礼义之乡"的个别地方，仍然有相当顽强的表现。

这些表现性文化描写的一个很重要的特点，便是无论是交媾中的还是准备交媾的男女，没有一个是画成裸体的。某些（不是所有的）舞蹈者，衣下画出了性器官（图四），这固然是为了区别男女，同时也表示将借这节庆祭祀活动"令会男女"。这种人物造型，形象滑稽可笑，不禁令人联想到三国时刘备的一个幽默故事，事见《三国志・蜀书・简雍传》卷三十八：

> 时天旱禁酒，酿者有刑。吏于人家索得酿具，论者欲令与作酒者同罚。（简）雍与先主游观，见一男（女）行道，谓先主曰："彼人欲行淫，何以不缚？"先主曰："卿何以知之？"雍对曰："彼有其具，与欲酿者同。"先主大笑，而原欲酿者。

简雍的巧谏，得以免刑法之滥；孟庄汉画像石中人物的"彼有其具"，却真是"彼人欲行淫"，甚至是已经行淫过了。画家正是借用歌舞这个场面，如莱辛所说的，"选择最富于孕育性的那一顷刻，使得前前后后都可以从这一顷刻中得到最清楚的理解"。

[例六] 汉画像石出行行列的公式化及其变通

汉画像石艺术大多出自民间匠师之手，不少作品是公式化的，有的甚至很幼稚与粗犷，其中当然也时见高明与深刻之作。

车马出行是山东汉画像石中最常见的题材，画面都作带形，从侧面来展示这个行列，大体总是四种不同身份的人物交相杂错组成——步行的前驱，乘马的导骑，陪同的副车、主车比较靠后，用来炫耀墓主生前政治与社会地位的显赫。人马车骑的组合，队列的长短，其规格是否与实际相符，情况可能很复杂，但这种题材已成俗套，风格也公式化了。不过有的匠师能超脱陈规的束缚，略加变通，呈现出点石成金的效果。只需在队列的首尾添画两所府第的大门——队列刚才离开这个府门，主人送客，客人道别，而队列的前驱已抵达另一个府门主人已在门前恭候客人的驾临——便十分巧妙地展示出了出行行列的排场，同时也描述出了官场送往迎来生活的虚伪，不无讽刺的意味（图五）。

图五　山东东汉画像石中的车骑行列

[例七] 黑山岩画狩猎图像中的秃鹫群

位于河西走廊中段西端，嘉峪关市西北的黑山，考古工作者在这里发现了大量的以狩猎题材为主的岩画。《甘肃嘉峪关黑山古代岩画》一文（《考古》1990年第4期）认为，这些岩画是曾经世居敦煌、祁连间的月氏族，在被匈奴追逐西迁之前，在其故地留下来的文化遗迹，时代的下限约当秦汉之际，资料十分珍贵。

岩画狩猎图像，拙朴、粗犷而又生动写实，最有特色的是画有飞鸟的四幅。这四幅分为三种情况：第一幅与第二幅中高翔与低徊的鸟，可能是鹰、雕之属的猛禽，用作射猎场面的配景；第三幅猎者所射的鸟，很难判断是什么鸟，但也可能是雕，《史记·李将军列传》记匈奴有"射雕者"，被认为是射艺最高明者，这里可能具有同样的含义；第四幅是徒步猎者带领一群猎犬在围捕一只野牛，眼看便可猎到，天空的食腐类猛禽秃鹫群（虽然只有三只，但是中国古代以三象多），已准备降落来分享美食了（图六）。

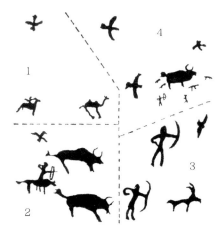

图六 甘肃嘉峪关黑山岩画中的狩猎画像

这里有一个问题是，秃鹫食腐定然要在行猎完毕之后，而且要在猎物被割裂开之后，而绝不是在行猎的同时。岩画的作者当然是知道这些的，但又用上述的方法来作处理，目的在于不仅要表现野牛即将被猎取，还要预示猎物被割剖分配、食用之后必然出现的景象。首映于1937年的美国著名大型彩色动画片《白雪公主和七个小矮人》的结尾，便是两只巨大的秃鹫尾随着化装为老妪的继母皇后，预示恶有恶报的日子终将到来。古今艺术家的构思彼此不约而同，如出一辙，也很值得玩味。

[例八] 围绕一条狗的生与死而展开的晋献公杀太子申生的故事

　　这是发生在春秋初期，后来为战国秦汉的人所熟知的著名故事。事情的经过是晋献公宠爱骊姬，有心废黜嫡长子申生而立幼子奚齐，同时骊姬对申生进行阴谋陷害。她借口申生之母见梦于献公，而教申生在曲沃进行祭祀，然后送祭品来国都。骊姬乘献公田猎的机会，将毒药放入酒肉之中，等献公回来时召申生亲自进献。骊姬诡称食物从外来，不可不慎重，让晋献公倒酒在地上，地上反应异常。而后骊姬以肉喂狗，狗立即被毒死了，教小臣尝酒，小臣也因此丧命。申生无法自明，只好逃亡并且自杀了。这是个为了争夺权位，骨肉相残的典型例子，统治阶级长期引以为戒，因此也见于汉画像石的描写（图七）。

　　山东嘉祥宋山发现的两方汉画像石，都取材于此，描写的是狗被毒死时的刹那情景——在构图上，死狗仰卧在画面的中心部位，有关双方分列左右。见于《山东汉画像石选集》的那方画像石比较清晰而且别具巧思，狗之右方，是躯体魁梧的晋献公，身后的"小人"是也将丧生的小臣，小臣身后的妇女自然是骊姬无疑了；左方跪而有所进献的是太子申生，身后是申生的师傅杜原款，再后的两人大约是一般的廷臣或侍者，已是无关紧要的陪衬。这块画像石在这一层历史故事之下，加了一个出行的行列，右方

图七　山东嘉祥县宋山出土晋献公杀太子申生画像石

是一辆主车，有两骑者前导，左方是捧盾相迎的廷臣或卫士，最关键的也是最巧妙的是他的足下蹲有一犬，由下层与上层两个画面构成了一个完整故事：晋献公田猎归来时，这条狗还活着，转向上层画面时，这条狗突然死亡，预示着一场骇人听闻的事变马上就要发生了。

［例九］"螳螂捕蝉，黄雀在后"，臂甲线刻所见"食物链"

云南江川县李家山的一座滇文化早期墓中，出土了一件满布线刻动物图像的青铜臂甲（图八），时代约相当于战国末年至汉

图八　云南江川李家山滇文化早期墓出土青铜臂甲

武帝之前。

　　在这件大小不及 140 平方厘米、大体呈"凹"字形的臂甲上，线刻了 17 个大小不同的动物，其中大虎 2 个、小虎 3 个、野狸 1 个、野猪 1 个、鹿 2 个、猴 1 个、公鸡 2 个、蜥蜴 1 个、鱼 1 个、虾 1 个、昆虫 2 个。除公鸡是家禽之外，其余都是野生动物。

这个臂甲的线刻图像分为两组：双虎及其子居于正中的部位，大部分的野生动物都属于此，一方面表示所处山林野景，另一方面也表示虎为山林之长，威慑百兽。臂甲画虎，以象征战士的威猛。在这件臂甲展示图的左下角，所描写的应是村居生活的小景：群鸡在室外寻食，一只公鸡捉到了一条蜥蜴，忽然一只豹纹的野狸闯了进来，衔走了一只硕大的公鸡。这幅图像非常明确地表现了天敌之间弱肉强食的关系，即中国谚语所说的"螳螂捕蝉，黄雀在后"悲剧的连续过程。[4]

　　之所以如此云云，是因为如果是野狸偷袭鸡群，鸡群就不会只是两只公鸡，至少是一公一母，甚至是许多母鸡，不会恰恰只是两只体态大小完全相同的公鸡——这两只公鸡实际是同一只公鸡，图像说的是它先后不同的遭遇：一只硕大的雄鸡，捉到了一只蜥蜴（蜥蜴的形体有些夸大），雄鸡高冠、长尾、壮趾、利距，体型雄健，态度安详，完全是一副胜利者的姿态，但一只豹纹的野狸对它窥伺已久。顷刻间，这只公鸡又成了它的猎物，鸡颈已被咬住，目瞪口呆，仍然保持着方才惊叫的刹那情景，而身体已被悬起，尾羽与双足低垂，完全丧失了挣扎的气力。这回的胜利者该是那只豹纹的野狸了，它衔着猎物，弓起矫健而灵活的躯体，高举着有力的尾巴，得意极了。

4　出土情况与臂甲展开图像见云南省博物馆：《云南江川李家山古墓群发掘报告》，《考古学报》1975 年第 2 期。

［例十］长沙马王堆棺饰的动物"戏画"与连环图画

长沙马王堆 1 号西汉墓，因保存下来了轪侯夫人的鲜尸而闻名于世界。在墓主人的第二层内棺上，除底部外，五面都在黑漆地子上满绘萦回缭绕的云气，在云气间隙中，填画了 116 个各种神怪与鸟兽（写实的与想象的），分成 57 个组（单独存在之外，两两组合在一起的最多，三个一组极为个别），内容复杂，表现方法特异。[5]

在这里我们发现了中国最早的童话般的动物故事与插画，因为那些填画于云际的神怪与鸟兽，看来似乎各不相属，但略加整理，又可看出有些确是连续性的故事，不过没有画在一处罢了。现在可以看出比较系统的有三组：

第一组是羊与鸟相嬉戏：一只羊用套索系住一只鸾凤或朱雀的脖子，后者进行抗拒，结果抗拒无用，最后只好跟着羊走了；羊来捉鸟做什么呢？原来是把它用作坐骑，到处游耍。内容很滑稽，但在技术上有缺陷。三幅画中的羊画得还算相似，而鸟却各不相同，可能是信手画来，不甚经意（图九）。下两组也有这种缺点。

第二组是一只怪兽路上看到一只死鸟，如获至宝，偷偷地拿走，还东张西望，怕别人看见，故事到此为止，没有展开下去（图一〇）。

第三组是一只鸟在寻觅食物，结果它找到了一条蛇，于是把

5　《长沙马王堆 1 号汉墓》发掘报告书有关文字描述与线图、图版。本文所用插图采自孙作云：《马王堆一号汉墓漆棺画考释》，《考古》1973 年第 4 期。又见刘敦愿：《论马王堆一号汉墓黑地彩绘棺图像》，载《刘敦愿文集》（上册），科学出版社，2012，第 332—343 页。

图九　湖南长沙马王堆 1 号西汉墓第二层内棺漆画局部之一

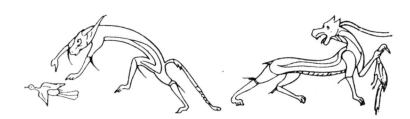

图一〇　湖南长沙马王堆 1 号西汉墓第二层内棺漆画局部之二

图一一　湖南长沙马王堆 1 号西汉墓第二层内棺漆画局部之三

它衔去送给一个神怪（蛇画得短小）。神怪享受美味后，坐下来休息，而神怪嘴里的蛇尾还露在外边（图一一）。

其他神怪与神怪、动物与动物相斗相戏的描写，估计都可能是有趣的故事情节，可惜都是偶然涉及，不得而详了。

这种种描写，都是在表示时间的推移与事件的展开，可以看作是连环图画的开始，称之为最早的童话插图与漫画也未尝不可，资料很珍贵，问题也很复杂，内容有待探索，有些可能找得到解释，但大部分可能永远找不到答案了。

原载《民间文学论坛》1990 年第 5 期，原题为《中国古代民间绘画艺术中的时间与运动》

兽面纹斝

兽面纹斝，商代晚期，通高 22.5 厘米，传河南安阳出土，日本
白鹤美术馆藏。圆形，敛口，鼓腹，口上一对立柱，菌顶，腹一
侧有兽首鋬，三棱锥状实足。腹部两个兽面纹式样不同。刘敦愿
先生在《试论中国青铜时代艺术中的东方史前文化因素》一文中
认为，商代青铜器斝、爵等双柱的菌形钮上，常镂刻有圆涡纹，
应当是受到东方史前文化因素的影响。此物菌顶的纹饰即是一例。

鸮卣

鸮卣，商代晚期，通高24.2厘米，口径长21.5厘米，传河南安阳出土，美国弗利尔美术馆藏。全器浑圆，作双鸮相背之形，毛角、眼盘、双目、翼爪都贴铸于器表而精加刻镂，只在器盖边缘伸出外突的双喙，尾羽缩得极小，仅以双钩的"ㄱ"形示意，实际是完全省略了。刘敦愿先生在《论青铜器动物纹饰的对称法则问题》一文中将此命名为双鸮共身提梁卣，认为这是颇具特色的对称处理方法。

青铜器装饰因素与纹样含义

　　中国青铜器艺术到了晚商以迄周初，达到了它的极盛时期，纹样种类相当丰富，装饰技巧也多创新，特点十分突出，在世界古代装饰艺术中，自成一个独立的体系。这类堂庙重器，既然用之于祭祀鬼神，享宴宾客，因而率多"以文为贵"，极尽刻镂雕饰之美，小至一方纹样，大至一件鸟兽尊彝，主体图像之外固多陪衬，图像轮廓之内也盛加装点，变化奇诡巧妙，令人目不暇接。至于哪些是显示神化动物或神圣符号的基本结构，不便作任意损益的部分，哪些又纯属装饰性的踵事增华，以及超出常规的匠心独运，两者往往难于分辨，然而又不可不辨，否则扑朔迷离，也会造成一些不必要的混乱。现在选择一些常见的例子，提出问题共同讨论。

　　这个时期的纹样，几乎都用雷纹作为衬底。这种雷纹的广泛运用，究竟是为了追求某种艺术效果，还是为了加强纹样含义的神圣性，目的何在也难于判断，因为两种可能性都是存在的。雷纹细如盘丝，线条刚劲，组织严密，用作衬底，减少了主体纹样的单调感，并且产生出一种非常微妙的光影效果。赏心悦目，相当美观，正是这个时期青铜器艺术的重要特色之一，也是它魅力之所在。但是，我们在《山海经》之类的古代神话中，却又见某些神祇与灵牲，"出入则必风雨"，"出入必以飘风暴雨"，或者是"见则天下大旱"，又或大水、大兵、大疫等。因此之故，这种雷纹（或者解释作云纹），似乎又是显示他们的神圣性所必需——然而就在商代晚期，有的器皿便可不用雷纹，西周以后，更是突然失去它的权威地位，无论从艺术还是从宗教的角度来考察，又好像是可有可无，也颇令人费解。

与雷纹情况相类似的，还有一种"羽纹"，形状有些像侧视的鹅毛笔。这类"羽纹"往往平行地密集地排列在动物纹样的背部，也偶然见之于金文的象形字上，应也是一种附加性质的装饰因素。但长期以来，日本学者十分重视这种纹样，做了许多系统的研究，认为其中含有深意，不同于一般。[1]

青铜器本身的艺术造型与其上的纹样组合，左右对称是经常运用的装饰法则，借此以取得均衡与和谐的效果。例如在带状的部位中，两个或两对动物纹样，中隔一个兽面或扉棱，作相向或

1　（日）林巳奈夫：《中国古代遗物上所表示的"气"之图像性表现（上下篇）》，杨美莉译，《故宫学术季刊》1992年第9卷第1期、第2期。此文章是这方面最新、最系统之论述。

相背的排列，并且往往成为一些器物的主要装饰；至于塑作立体形象的鸟兽尊彝，大都通体布满各种纹样，但左右两侧纹样数目与形象往往也是全同的，诸如此类。此外还有两种变格，都行之于动物题材，带有强烈的时代特点：一种是一首而双身，另一种与之相反，两首共一身，目的同样在于运用对称的方法以取得左右均衡的效果。

先介绍第一种。最早也是最著名的例子，是安徽阜阳出土的晚商初期的龙虎尊，肩部双虎相对，共一虎头，虎头为圆雕，突出于器表，因此无论自左还是自右侧视，虎形都是完整的；其次，辽宁喀左与四川彭县出土的西周铜罍，牛首圆雕在器耳之上，左右对称的牛身则浮雕器肩，结构虽然奇特，用意却是相同；至于正面形象的鸱鸮纹样，也是头部完整，双目并列，而躯体分列于两侧。如此等等，都是些显而易见的例子。这种装饰方法的运用带有世界性，古代希腊瓶绘中的神化动物就是用此方法刻画，近代夸丘特印第安人建筑物上的木雕也如此作。但仍然是中国古代最为常用，而且遗俗一直在民间艺术中有所延续——河北满城西汉墓出土鎏金青铜饰物，两面成直角相交，羊形而一角的獬豸与形近于狮虎的辟邪，都是一首而二身。如今民间儿童鞋物刺绣花样，也常用这种表现方法，不过所用动物只限于虎这一种了。[2]

2　本文所选用的青铜器标本，大多采自《中国美术全集》青铜器与雕塑等编，以及出土省市所出图录，为避免烦琐，不再一一注解。所用作比较之民间艺术资料，另详见拙作《民间工艺美术与青铜器装饰造型构思问题》一文，载刘敦愿：《刘敦愿文集》（下册），科学出版社，2012，第850—866页。

另一种是两个动物省去后躯共有一个身体，多是立体性的装饰，如提梁卣与兽尊之类的器物。最为常见的是四足鸮形卣，作两鸮相背，耳、目、翼、爪都刻镂于器表，只在器盖边缘突出双喙，尾部缩得极小，略以双钩的"ア"形示意，实际上等于全部省掉了。上海博物馆藏豕卣，作两猪相背而走之形，豕足即是卣足，完全是写实的，鼻部上拱，家猪的特征鲜明，造型十分传神，与上述鸮卣一样。两个相背的动物，躯体结合很自然，既保持了器形的圆浑，也充分体现了实用与美观的统一，都是难得的佳作。另外，流落海外的两件羊尊，也是采用这种相背的对称方法省去了后躯，羊颈长而头部高昂，器身侧视成凹字形，注酒之口作筒状，安置在背上的空当，使得构图匀称，搭配巧妙。

　　以上提到的几种"畸形"的动物，都于文献无征。这种"畸形"的由来，显然出于艺术上的考虑。然而中国古代神话也确有如此形式的动物，这就不能说是装饰技巧使然，而是如实地描写了（尽管也要盛加装饰）。现在找到两个例子，都是变形了的龙蛇。一首而双身的龙蛇（一般无足，个别的有足），在商周方鼎上多见，头上戴角，居于正中，躯体对称地分列左右，做波浪形的起伏，上下空隙间填以圆涡纹——这是一种神圣性的几何形体符号，可能便是《周礼冬官·考工记》所说的"火以圜"，学者们认为是火与日的象征[3]。《山海经·北山经》记载："有蛇一首两身，

3　马承源：《中国古代青铜器》，上海人民出版社，1982，第32—33页。

名曰肥遗，见则其国大旱"，《管子·水地》篇则称之为"蟡"。"蟡者，一头而两身，其形若蛇"，是为"涸川水之精"，"以其名呼之，可以取鱼鳖"。这种神话动物在河南偃师二里头遗址陶器刻纹上有见，可知其由来久远，并与装饰技巧无关。两首共一身的龙蛇，是虹蜺的象征。甲骨文象形字正如此作，并记其"饮于河"，后来在红山文化玉器与良渚文化玉器中也都见到了，可证中国史前艺术中已有萌芽，战国铜、玉璜形佩多所取材，山东武氏祠与孝堂山等汉画像石中屡见描写。至于后世《汉书·五行志》之类，有虹蜺及其饮水的传说，可谓史不绝书，更是一种无可争议的社会活化石了[4]。

以上这两种对称方式，看来似乎是一首而双身纹样的运用广泛，而两首共一身的尊彝，则因结构复杂与制作繁难而十分罕见，但实际情况也未必然。我们如果把晚商西周壶、卣之类器物的提梁装饰计算在内的话，又可以说是多得不可胜计的了。因为这类提梁的两端，大多铸成兽头的形式，包括容易辨认的头着柱状双角的龙，少量的牛与羊，还有一些无角而又难辨属种的动物，估计是绳索状的提梁由金属取代之后而作的艺术加工，这又是显而易见的。这类提梁都可以看作是双首共一身动物的例证，然而同时也带来一些问题：既然文献记载与古代艺术品中的虹蜺便是两首共一身的龙蛇，双龙首的提梁正可与之相应，虹蜺所在也就是

---

4 王子今：《龙与远古虹崇拜》，《文物天地》1989 年第 4 期。

穹苍所在。一件礼器如果是提梁像天，器身像地，固然含义深奥，然而又似乎求之过深，几近牵强附会，况且所用动物也可代以别种，并无定规。装饰因素与内容含义之难于辨别，这也应是一个典型的例子。

商代晚期青铜器还有一种颇具特色的装饰方法，即一方动物纹样，或一具鸟兽尊彝，往往由多个的动物形象组成，总体印象是某个鸟兽，仔细观察又可分解为彼此对称的两个或多个的动物，一如现代纯粹趣味性的多义画（如由一堆水果拼成一幅风景画，由众多的女性裸体组成一幅老人肖像之类），相当引人入胜。[5] 这种方法在兽面纹上的运用最为普遍，经常见到两个相向或相背的夔龙或凤鸟组成一个兽面；最复杂的可以多到四五个，如殷墟晚期的一件兽面纹卣盖（上海博物馆藏），双角与眉均为龙蛇分别组成，大兽面又套有小兽面，当然也有最简单的，如周初的盂类，以连续三角纹作为装饰，内填倒置的虹纹，利用虹之两头构成兽面的双目，然后再在其上添加内弯的两角，于是一个简易的兽面便如此形成了。当然，也不无可能这种倒置的虹纹，又是另外一种失传的神话动物，未必便是一种装饰技巧，青铜器装饰纹样问题的纠缠，于此也可见一斑。

兽面纹样，自宋代金石学家据《吕氏春秋·先识览》附会之说，

---

5 拙作《鸟兽纹觥装饰艺术分析》对此有所阐述，详见《文物天地》1989年第5期；又见于刘敦愿：《刘敦愿文集》（上册），科学出版社，2012，第242—246页。

定为"有首无身"而残暴贪婪的饕餮纹样之后，尽管约定俗成沿用至今，却为我们留下了一个待解之谜。兽面纹样问题，它的萌芽与发展，因考古资料的日益丰富，现在大体可以勾画出一个轮廓来了：《隋书·东夷传》说琉球（今中国台湾）的土著居民"人间门户上必安兽头骨角"，用以辟邪压胜，大约是它最原始的形态[6]，这在云南一带古今民俗中仍有反映。滇文化墓葬铜铸建筑明器时见悬挂牛头情景，如今某些兄弟民族还保存着这种习俗，用以祈求吉利，炫耀富有，存有古意。近些年来，在山东龙山文化与良渚文化的圭、琮之类玉制礼器上，"有首无身"式的兽面图像大量出现，不过造型相当抽象，有些显然又是人面的形式，可见动物形象的神祇，已为人格化了的神祇所代替，应该说距离《隋书》所说的情况已经相当遥远了。二里头文化的艺术品目前发现的还很少，但绿松石镶嵌的铜牌装饰物，图案便是兽面；二里岗期商文化青铜器纹样种类极少，也是兽面几乎独盛，不过这些纹样还是相当抽象，难于分辨是人是兽，如果是后者，也无从判断种类。到了殷墟文化期，情况却大不相同了，兽面纹样继续盛行，仍然居于权威的地位，但形象都相当地具体化了起来：人面的形象还有个别的遗存，而且十分写实，如湖南宁乡方鼎浮雕所见；龙蛇头着柱状之角表示神异性；羊角一般作半环状，也有作横 S 形的；牛角或上

---

6 拙作《〈吕氏春秋〉"周鼎著饕餮说"质疑——青铜器兽面纹样含义之探索》一文曾论其起源问题，载于《考古与文物》1982 年第 3 期，收入《刘敦愿文集》（上册），科学出版社，2012，标题改作《饕餮（兽面）纹样的起源与含义问题》，第 151—158 页。

指向内收敛，或外侈而末端尖锐；虎面与羊面近似，虎耳两端圆浑，羊角则否，而且牛羊都另有双耳；等等。既然如此，殷墟文化期的兽面纹，与新石器晚期玉器所见作比，前者时代很晚，反而更接近于原始的形态了。

晚商兽面纹样装饰的非凡华丽且结构复杂，与含义的反较原始，是个很矛盾的问题，似乎还大可商榷。

对于兽面纹样的由两个对称动物所组成的特点，很早便已为人知。但之所以如此，是纯粹出于装饰艺术的需要，还是别有用意，却很少有人论及。20世纪30年代，卫聚贤先生在他的《中国考古学史》一书中，首先提出了解释，他认为相对的两鸟，应是双鸡，整个兽面为羊，鸡谐吉声，祥从羊声，也可简化为羊字，意即吉祥，因此反复用之，云云。[7]兽面纹样确以羊形为多，而且最易辨认，鸡于古代也是祭祀常牲，卫氏之说虽然富有想象力，甚至有些过度，但这一设想，足以破《吕氏春秋·先识览》兽面为饕餮，是为凶神恶煞的旧说，大大开阔了我们的思路。

长期运用兽面纹样，并且很早见于艺术描写，因青铜器之大量制作，看来似乎是中国古代装饰艺术的一个重要特点，实际上世界各地也往往有之，不过不像中国古代那样突出并沿用时代久远罢了。为便于征引，现在仅以古希腊瓶绘艺术为例，所绘勇士盾牌，其上多画猛兽、鸷鸟、长蛇，其中或人神，或猛兽的兽面

---

7 卫聚贤：《中国考古学史》，商务印书馆，1937，第52页，此书收入《中国文化史丛书》第一辑。

也很常见，这种种纹样，尤其是后者，显示威猛，逢凶化吉，克敌制胜的含义，应该说是很清楚的，这便与中国古代兽面纹样之所以作就十分相近了。瓶绘中有件陶盆装饰，据说描写的是希腊神话特洛伊战争中，莫涅拉俄斯（Menelaus）与赫克托耳（Hector）之间的决斗，在持盾举矛相对的两勇士的正中上方，画有一个正面的人头像，如果不是宙斯，便是参与战争的某个神祇，高踞穹苍，注视着人间的争斗。这件瓶绘杰作，不免引起我的遐想，中国古代彝鼎重器之上，兽面纹样运用得如此普遍，不无可能也寓有神明无所不在，临鉴在上，主宰着人间祸福的含义，至少从艺术构思的角度来考虑，似乎是不妨作如是观的[8]。

铜器上的这种兽面纹样，或牛羊，或龙虎，不主故常，用作组合的动物也无定规，但这种组合形式已经程式化了。这种程式化了的组合，既是一种装饰方法，然而也不无可能寓有某种有待探明的深刻含义。因为它明明在显示一之可以剖分为二，而合二又可为一的，所以其中似有某种哲理存焉。

兽面纹样组合特点，疑是企图表现宇宙万物之间的对立统一关系，如《说文解字》之释"一"，所谓"惟初太始，道立于一，造分天地，化成万物"，可能指宇宙曾经混沌一团，气之轻清者，上浮为天，气之重浊者，下沉为地。推之于万物，如人之有男女，

8　本文所据仅雷圭元、李骐编著：《中外图案装饰风格》，人民美术出版社，1985；张道一编：《外国图案选》，江苏人民出版社，1982。资料虽少，亦可窥见一斑。

鸟兽之有雌雄牝牡，生命之有生死，有寿夭；天象之有日月、昼夜、阴晴、水旱；至于社会人事虽然复杂，但吉凶、祸福、胜负、成败、上下尊卑，富贵贫贱关系的对立，也都随时可见。凡此种种，都是彼此对立而又不可分割，中国古代哲学中的阴阳五行学说，研究的就是这种种相反相成的微妙关系与互相转化。专门成学虽在战国秦汉时期，但是估计在野蛮与文明之际的"虞夏商周"，也应有所萌芽，并在艺术上也有所表现，兽面纹样的这种奇异组合关系是否便是，很值得考虑。

古代有关装饰纹样的记载非常稀少，偶尔有之，也很简单含糊，很难为我以上的推测提供佐证。但，如果从另外一个角度，从也富于装饰风格的象形字中寻找类比资料，似乎可以找到一些蛛丝马迹。

中国古代的"文"字，兼指文字与纹样。"文章"一词的初意指的也是图案装饰，可见在古人的心目中，彼此曾是性质相近的事物。甲骨文与金文中的象形字都富于绘画性，说明去古不远，然而终究是很成熟很进步的文字了[9]。金文因为用之于铭辞，可以从容为之，往往有意求工，并盛加装饰，个别的竟与纹样无大差别，装饰艺术中的对称法则也常见应用，字体形大而奇诡，难于考释，

9　关于象形字之与古代纹样，在造型技巧方面的异同问题，拙作《商周文字、纹样与绘画的关系》一文中，曾列举大量例证，可供参考（《美术史论丛刊》1983年第2辑）。但其中某些象形字，在布局上，亦常用装饰艺术之对称方法未曾论及，此点亦应加以补充，又见于刘敦愿：《刘敦愿文集》（上册），科学出版社，2012，第24—36页。

大多归之于《金文编》之类辞书的《附录》之中。但其中的"雠"字，也就是"讎"字的初文却是例外。"雠"字画两鸟相对，形态又与汉画像石艺术中的斗鸡、斗雉有异，估计意在表示两鸟的相向而鸣，"嘤其鸣矣，求其友声"应是它的写实。"讎"字有正负两个方面的含义：匹配、相等、相应、相当等，这是正面的；冤家、仇敌，当然又是负面的，如今并已完全取代了"雠"字。正负两面的含义也互相兼备，如用之书籍之"雠校"，"一人持本，一人读书，若怨家相对，故曰雠也"（刘向《别录》），后世小说戏曲之所以称情人为冤家也是由于爱之切也就必然恨之深了，两者并不矛盾。语言的譬喻与概括，寓有深意，然而由来久远，估计古代青铜器装饰艺术上有所体现，或不至有如一般想象之简单。

总之，古代艺术品的装饰意味，往往相当浓厚，表现在青铜器上尤其如此，因此如何使之与内容区分开来，也为我们提出了难题。求之过深，不免"望文生义"，必然失之牵强附会；如果其中有些确乎是有所为而发，视而不见，不加重视，也难免遗憾。然而扑朔迷离，难点所在皆是，现在再将一个曾长期使我深感困惑的问题，也借此机会提出来讨论讨论。

青铜艺术发展到战国秦汉之际，已有千余年的历史，由于它本身便富于神秘的色彩，并为王室、诸侯、卿大夫所有，一般人难于见到，再加王朝的更代，国家的兼并，平时的掠夺与赂遗，所有权常在转换，流传方域也无定向，情况非常复杂，因此，至少从战国时期开始，种种传说附会之说便已很多。《吕氏春秋》

之论周鼎所著，便把青铜器纹样的解释伦理化，已近于望文生义，至于有关"九鼎"的传说更是荒诞得不知所云了，于此也可见一斑。

《山海经》自然是一部非常重要的古代神话专集，内容很丰富，包含的问题也很复杂。其中固然保存着许多珍贵的原始资料，可与《竹书纪年》《楚辞·天问》等彼此互相印证，然而不少的又显然出于各地的传闻（如一名而多形与一形而多名之类），以及种种附会之说。尤其是那些半体的"畸形"人物鸟兽，应就是从商周以来以青铜器为主的古代艺术形象附会而来。因为后者凡是表现侧面形象，都是以半体代替整体，几乎没有例外。根据古籍记载，只有夔是一足的神话动物。但《山海经》中许多鸟形的灵怪多是一足，如《西山经》中的毕方鸟，其状如鹤而一足。《西山经》中的橐𪚔，《海外南经》中的跂踵的基本形象也是如此。而比翼鸟"其状如凫，而一翼一目，相得乃飞，名曰蛮蛮"（《西山经》），简直就是对相对称的鸟纹的描写了（山东济宁出土汉画石一对，分刻青龙与白虎，其上均有一足涉禽，显然具有神圣性）。半体的兽很少，如《西山经》说"刚水出焉，北流注于渭，是多神槐（郭璞注：槐亦魑魅之类也），其状人面兽身，一足一手，其音如钦"。《海外北经》的柔利国人，也是"一手一足"，都应是根据古代纹样与甲骨金文表现人与兽的方式而作的附会。

后羿所杀凿齿，见《海外南经》与《大荒南经》，但于形态无所描写。《淮南子·本经训》记后羿上射十日，下杀六种灵怪，为万民除害事，其中包括凿齿。《淮南子·坠形训》"凡海外三十六国……有凿齿民。"高诱注："凿齿民，吐一齿出口下，长三尺也"。综观后羿之所射所杀，大都是以动物用作象征的自然现象，如旱、潦、风灾、兽害，凿齿口吐长牙，疑取譬于象，牙数为一，如果不是故神其事，便是从青铜彝器与甲骨金文象形字中得到启发，而后引申出的想象。因为中国南方古代多象，当农田垦辟，生态平衡受到破坏，象群的生存受到威胁时，它们也是会成群害兽的[10]。

《山海经》原来可能有图。从经文本身的种种描述，固然可以察见一些迹象，而郭璞为此并撰有《山海经图赞》[11]。晋代去古不远，或者还保存有一定的古意，也未可知。至于明清以迄现代，画家所作想象，自然是不便引作凭证了，所幸的是，东周时期青铜器与漆木器上的图像，战国以至西汉的帛画，以及大量东汉画像石被发现，他们与《山海经》之成书同时或稍晚，可能更具有互相参证的价值。

前面谈到过，一首而双身的动物，是装饰艺术的一种表现技巧，而不是神话题材中确有这类动物（只有一个例外）。但在此方刻纹青铜器画像上便两见人面而双身的兽类，河南信阳长台关楚墓出土锦瑟残片上，绘有人面"作方形"两足交叉的双身神鸟，又

---

10 此种情况南北朝时期已有所闻，如刘宋时，刘敬叔《异苑》即记始兴郡阳山县（今广东韶关一带）"彼界田稼，常为众所困"，《宋史·五行志》谓"乾道七年，潮州野象数百食稼"，宋吴萃《视听钞》也说"潮阳人言象为南方之患，土人苦之，不问蔬谷，守之稍不至，践食之立尽。"先秦、秦汉时期农田垦辟之与生态平衡的矛盾，虽然不至如此之甚，但在局部地区，大约也是时有所见的。

11 郝懿行据明藏经本收入所著《山海经笺疏》一书中。

显然是有所称谓，而与器物的装饰毫无关系。画像石艺术多风俗题材描写，山东微山、济宁等地出土三石上有角抵百戏场面，画面正中下方树有建鼓，木贯其中，左右乌旌飞扬，其下有一首双身兽虡坐，左右对称，共一兽头，两人骑坐于兽背之上，执枪侧击鼓面[12]。如就工艺制作而言，"礼失而求诸野"，建鼓仍然保存有商周以来的古老装饰方法，如果上溯到战国刻纹铜器画像，该一首双身兽或者也是某种神话动物，不过后者很像是从前者附会而来。

多件商周双首共身的鸟兽尊彝，除虹蜺形状而外，都不像是神话动物，而是一种艺术上的技术处理。但《山海经·海外西经》中确也偶有记载："并封在巫咸东，其状如彘，前后皆有首，黑。"在《大荒西经》中却说是"有兽，左右有首，名曰屏蓬。"兽类或前后，或左右有首者，学者们的意见，多认为是兽类牝牡相合之象[13]。这里前后有首的图像，在汉画像石中偶有所见，我疑心这种极为罕见的传说与图像，当是受到传世的或出土的商周彝器影响而后产生的。

这种牵强附会之说，表现在日中有乌，而乌为三足的传说中，是最为明确不过的了。

12　拓片见山东省博物馆、山东省文物考古研究所编《山东汉画像石选集》，齐鲁书社，1982，图2、图34、图42与图140，鼓下双兽形态似为猛兽，不类由马匹制饰而成，猛兽可驯扰而不可坐骑，故知为虡坐而非骑术表演。

13　详见袁珂校注：《山海经校注》，上海古籍出版社，1980，第220页。

日中有鸟，鸟成为太阳的象征，最早见于战国，大约是人们发现了日中有黑子，而后便以乌鸦这种黑色的鸟类作为太阳的象征。因此，《山海经》有"汤谷上有扶木，一日方至，一日方出，皆载于乌"。传说"后羿上射十日"，于是《楚辞·天问》也就有了"羿焉彃日，乌焉解羽"的提问了。最初只说日中有乌，并没有说乌必须有足，西汉初期的长沙马王堆帛画中，日中之乌仍然是写实形态的双足，彼此可互证。高诱注《淮南子·精神训》，汉画像中也有相应的反映。从此便更使得这种作为太阳象征的鸟类富于神秘色彩了。之所以如此的原因，孙机先生作《三足乌》一文[14]，列举大量史前陶器与西周青铜器尊的例证，认为古人是由此受到启发而作出的想象，这个判断是很正确的。

地下古代遗物的出土，由于时代悬隔，一般群众不得其解，往往作出一些荒诞的解释，虽然牵强附会，然而时常又是十分有趣的，中外古今几乎没有例外[15]。现在举两个显而易见的例子：西南流行铜鼓，铜鼓鼓面边缘多铸有几个蹲蛙作为装饰，于是便产生了鸣蛙为铜鼓之精的传说。唐刘恂《岭表录异》便记有当时高州（今广东高州县）"小儿因牧牛，闻田中有蛤鸣，牧童遂捕之，

14　孙机：《三足乌》，《文物天地》1990年第1期。
15　这在古希腊希罗多德《历史》一书中也可找到佐证，如记埃及撒伊司城（Sais）美凯里诺斯（Mycerinus）宫殿二十座巨大的木雕妇女裸体像，双手都已脱落，传说美凯里诺斯有奸污亲生女儿的乱伦行为，女儿因此悲痛自缢身亡，于是"女孩子的母亲把引诱女儿跟他父亲通奸的那些侍女的手都砍掉了"，希罗多德认为这乃是无稽之谈，人像的手是因年深日久才脱落了的，他甚至还看到这些手放置在这些人像前面的地上。详见希罗多德：《历史》，王嘉隽译，商务印书馆，1959，第二卷，第一三一节。

蛤跃入一穴，遂掘之，穴深丈，即蛮酋冢也，蛤乃无踪，穴中得一铜鼓，……其上隐起，多铸蛙黾之状。"六十余年前，吴金鼎先生作《平陵访古记》，记故城遗址村民相告，曾因掘土得一铜盆，盆中蓄有清水，水中双鱼游动，后来煮鱼佐食，鱼亡而盆底隐起鱼纹装饰云云，这也是遗址中曾经有汉代铜洗出土的旁证[16]。诸如此类，不一而足，以之推论先秦秦汉，类似的例证，恐怕也为数不少。

综上所言，从商周青铜器艺术研究中，引出了两个问题：一是装饰因素与纹样含义的关系问题，因时代遥远而又文献不足，于是彼此交相杂错，难于分辨；二是这类古代艺术品，虽然早已成为陈迹，后世一般是难于见到的了，但传世品既仍有保存，因为自然的与人为的因素，时有出土，人们少见难免多怪，由此产生种种传说，派生出了一种"再生"性的神话，于事也大有可能。这里所做的"剥离"工作，也仅仅是一种尝试，借此提出曾使自己困惑的一些问题，引起大家的重视罢了。

原载《鉴赏》（创刊号）1993 年 12 月第 1 期

16　吴金鼎：《平陵访古记》，载中央研究院历史语言研究所编：《历史语言研究所集刊》（第一本第四分），中华书局，1987，第 472 页。

兽纹臂甲

臂甲高 21.7 厘米，云南江川县李家山滇文化早期墓葬出土，云南省博物馆藏。时代约为战国末年。臂甲圆桶形，上粗下细，与手臂同，背面有开口，口沿处有对称开口两列。据刘敦愿先生在《中国古代绘画艺术中的时间与运动》一文中考证，此物上线刻了 17 个大小不同的动物，其中大虎 2 个、小虎 3 个、野狸 1 个、野猪 1 个、鹿 2 个、猴 1 个、公鸡 2 个、蜥蜴 1 个、鱼 1 个、虾 1 个、昆虫 2 个。除公鸡是家禽外，其余都是野生动物。

宴乐画像杯

宴乐画像杯，上海博物馆藏，战国早期，高 6.2 厘米，口纵 18.4 厘米，横 14.9 厘米。椭圆形，口略弇，腹下部逐渐收敛，平底，两侧衔环耳。全器内外以錾刻的手法，以连续的点状线刻画出非常精细的图案。内壁画像以两座建筑物为中心，人物或宴饮，或击鼓鸣钟，或翩翩起舞，也有数人作弋射状。内底刻有躯体缠绕的龙纹。外壁画像有一座建筑物，周围人物作宴饮状，另有飞禽走兽及车马等。整个画像上有人物 48 人，建筑物 3 座，车 2 辆，鸟 33 只，兽 10 头，以及鼎、镬、罍、豆等器物。人物、禽兽都栩栩如生。刘敦愿先生在《关于战国青铜器画像问题的若干思考》中，认为这是一类专供欣赏之用的青铜器。

Part 2

下　编

青铜器上的狩猎图像

一

狩猎作为一种重要的谋生手段，当然起源极早，可说是与人类的诞生以俱来，即使是原始农业与畜牧业出现了许久以后，仍然要依靠狩猎来补充肉食。至于进入文明时期以后，除了某些地区与部落，因情况特殊而继续过着渔猎采集生活，对于社会生产来说，自然是无足轻重的了，不过对于王公贵族来说，集体的或个体的狩猎，往往成为一种特殊的娱乐方式，带有炫耀威武，逞心肆意，嗜血的、富于刺激性的活动，大约是中外古今同之，而且是随时随地都可察见的现象。

尽管如此，狩猎反映在古代艺术创作方面，为数却不算很多。

就世界范围来说，史前动物绘画与雕塑中，固然不乏佳作，但描写狩猎场面的甚少，估计在这方面的种种精神需要，大约已为模拟性舞蹈或交感巫术行为所代替，中国史前艺术中，狩猎题材之所以难见，似乎也不妨作如是观。

作为狩猎题材中的杰作，主要见之于文明诞生的初期，如埃及的坟墓壁画、两河流域王宫的浮雕、克里特岛壁画与工艺品，以及希腊瓶绘等，这已是大家所熟悉的常识了。但是就中国古代而言，时代上大体与之相应的夏、商、周三代，绘画艺术形成了一个空白阶段，雕塑也不发达，因此就更谈不上狩猎图像的有无与优劣，这只好有待于来日考古事业的发展来提供补充了。

商周青铜器与玉器上，所见鸟兽虫鱼之类装饰纹样，家畜与神话动物之外，野生鸟兽也为数不少，但都是静止的、互不相属的个体，当然不见射猎的迹象；甲骨金文的象形与会意字中，鸟兽与弓矢、网罟、陷阱等组合在一起的，也常可见到，并带有一定程度的绘画意味，但究竟是字是词，最后必然要发展得面目全非而后已。正式的、明确的狩猎图像，直到战国时期才出现于青铜器之上，时代既已甚晚，而且作用也仅只是一种装饰纹样，把整幅的绘画作为一个图案单位，在排列上进行反复而已。虽说如此，这类图像风格相当写实生动，具有很高的艺术的与史料的双重价值。因此，早在半个世纪之前，徐中舒先生便为此特别写了《古代狩猎图象考》[1]一文，从史学的角度进行了翔实的论证；

---

1 见《徐考》，第569—618页。

至于外国学者，则从考古学的角度，做了大胆的，然而今天看来又是相当草率的论断，认为此种狩猎图像之"突然"出现，中国古代青铜器装饰风格之为之一变，乃是由于公元前五六世纪，相当于中国的东周时期，在欧亚大草原上曾经盛极一时的斯基泰人（Scythians）艺术影响之结果。这种似乎是持之有故、言之成理的说法，实际上是经不起推敲的，因此虽然盛极一时，如今已经是很少有人提到它[2]。

二

这类青铜器上的狩猎图像，可以分作集体的与个体的两类，射猎对象也有猎兽与射鸟的差别。前者是规模宏大的围猎，以车猎为主是其特点[3]，中国古代称之为"田"或"田猎"；个体的行猎，方式当然是多种多样的，图像所选择的都是与大兽或猛兽做面对面的角斗，可以简称之为"徒搏"。至于射鸟，都是用矰矢高空取鸟，一般称之为"弋射"，如今所见都是集体进行的。

集体行猎起源当然很早，史前时期不必说了，就是进入文明时期之后，也曾长期继续，中国古代有关记载还是相当丰富的，只不过在社会功能方面，就复杂多了。这种从史前发展而来的大规模狩猎，都需要严密的组织纪律，战争所使用的武器，原来也

2　本书《关于战国青铜器画像问题的若干思考》一文，对此曾有所分析，可供参考。
3　车猎从车战分化而来，目前发现的最早的车马坑是商代晚期，车战与车猎始于何时，尚无从判断。

就是从狩猎工具发展与分化出来的，因此完全有条件逐渐把这种行猎转换成为一种借此进行军事训练，与带有实战性质的军事演习，这是田猎的主要社会功能之所在，因此史不绝书[4]。但另一方面，田猎又是上层统治人物的一种娱乐方式，一种劳民伤财，有误农时的奢侈享受，夏、商、周三代已经如此，直到春秋战国仍然盛行不衰。因此之故，反映在绘画艺术上，屡见于青铜器画像之中，也就不足为奇了。不过这类风俗画题材，由于场面比较宏大，既难表现，也不利于做反复交错的排列，所以远不如徒搏题材多见，今选择内容比较全面的一些资料略做介绍。

最完整、最清晰的一例，是今藏美国弗利尔美术馆的一件狩猎纹鉴（图一），时代约当战国初期。器表腹部以田猎与弋射两种题材交错排列，后者简单而且所占面积很小，前者居于主要地位，场面宏伟，人物与野兽数量众多，两辆猎车旌旆飞扬，相对奔驰，进行射猎，为了突出装饰效果，物象布满画面，互不遮掩，以中国绘画艺术的通例，以下方为近，上方为远，并驾齐驱的服马与骖马也不例外，画家设身处地，从御者的位置进行观察，以车辕为准，不仅一匹立在另一匹的背上，而且分左右方两两相背排列，形象十分奇特[5]（图二）。

鸟兽的造型与动态写实而生动，奔窜、反扑、搏噬，不一而足。人物的组合与动作也很复杂：车上的甲士都是立乘进行射御，

---

4 杨宽：《"大蒐礼"新探》，载《古史新探》，中华书局，1965，第256—279页。
5 详见本书《试论中国古代绘画中的透视观》一文。

图一　狩猎纹鉴　美国弗利尔美术馆藏

图二　狩猎纹鉴上的田猎与弋射纹样

运用戈矛等长兵或勾或刺，车下奔走的是虞人与徒卒。他们中有的职责在于驱赶野兽，不免与之进行徒搏；有的在集中捕获猎物，甚至为此攘夺与斗殴；等等。

表现田猎场面的，还见于台北故宫博物院藏采桑猎钫，内容与风格大同小异，但生动性不如[6]。

近年来在山东长岛县南长山岛战国墓地，曾出一件薄制铜器，其上满刻细如毫发的种种图像，由于破损严重，仅残存大小不同的碎片若干块，器形不明，但从其上所刻纹饰与图像的布局与风格来看，与河南辉县出土铜鉴（燕乐射猎图刻纹铜鉴）时代十分相近，估计也是同类的器物。其中刻有狩猎图像的有三块：一块残长约 23.5 厘米，三层带饰，上、中两层都是松鹤相间的图案，中层有一射侯（箭靶），可能与射礼的描写有关，下层都是狩猎图像，右半为车猎，猎车四轮三马，尾曳长旆，形象十分完整，左半为纵犬掩捕群鹿的场面。另一块残长 20 厘米，也分作三层，

6　同注 1，图版三。

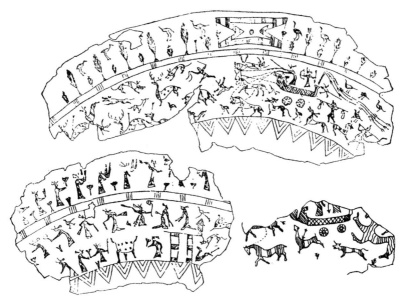

图三　山东长岛县战国铜器上的松鹤、射侯与狩猎纹样

都是宴乐题材，仅右方一角有二鹿、一犬、一鸟，可能与上一片邻近，属于捕鹿场面的边缘。另一残片所余面积很小，只见车之下部与左服之四足，左骖与一犬一兽形象完整，车后大兽，身画条纹，但头部、后右足与尾短失，疑是猎虎场面之一角，也相当生动（图三）。

这批残片正可与四耳猎鉴互相参照、互相补充，十分重要。两者比较，前者有而后者所无或所少者，显然可见的有三处。

第一，车身较长，其下四轮。这在刻纹铜器中不算孤例，山东长岛所出刻纹铜器残片、上海博物馆藏椭杯与河南辉县出土残

图四 古代马车纹样   1. 淮阴高庄战国墓出土铜盘内壁刻纹上的马车纹样
2. 古代苏美尔人艺术品中的战车
3. 河南博物院藏琉璃阁出土铜奁残片上的马车纹样
4. 上海博物馆藏椭杯外壁上的马车纹样

衮之上，都曾见之（见本文图四，3、4）。但这种车辆也使用于行猎却是首次见于图像，而且为历年考古发掘所不见，因此在这里就提出了个很有趣的问题：是当时确有这种形制的车辆存在，还是绘画艺术上的一种表现方法？古代画家技巧拙朴，常为处理透视关系而困惑，因而把并列的人与物，改成了前与后的安排，于是双轮的猎车便成了四轮的了[7]。不过愚见认为这种类型的车辆，古今中外都曾有过，最早的见于古代苏美尔人艺术品中的战车（图四，2），美国西部与巴尔干半岛等地今天民间还有使用四轮马车的；20世纪30年代中，河南农村一种载重的牛车，四轮都用两三块厚木料制成，十分粗笨，近几十年来自然早已淘汰掉了。再者，战国青铜器画像艺术在技巧上，许多地方还继承着旧日青铜器象形字与花纹的传统，即以侧面形象并加简省来表现物像，如兽之四足省为二足等。

第二，图像与考古发掘所见，或只有两服，或是一骖，即两服两骖，如今却是两服一骖，共马三匹。当然不无可能是画幅狭窄而做了简省，但《说文解字》却明说"骖，驾三马也"。山东与四川出土的东汉时期画像砖石上，也常见一车而驾三马（图五），由此可见这种驾车传统古已有之，至少战国时期已经如此了。

第三，以犬助猎，从史前到今天都是如此，但在一般图像中，都缺乏描写，即使有之，也有欠清晰，长岛群犬攫鹿场面相当精

7　这种看法最初见于叶小燕《东周刻纹铜器》一文，（《考古》1983年第2期），后来为杨泓《战国绘画初探》一文（《文物》1989年第10期）所采用。

图五　四川东汉画像石中的马车纹样

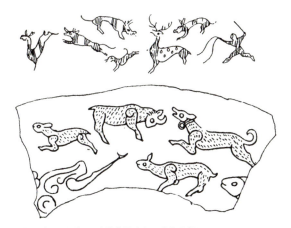

图六　山西浑源铜器残片上的犬鹿、犬兔纹样

彩，山西浑源出土铜器残片上也有犬羊相对与犬逐兔情景的描写，比较具体明确（图六）。河南陕县上村岭虢国墓地的车马坑中，有的以犬随葬，可见车猎也往往用犬，而且至少西周时期已经如此了[8]。

8　中国科学院考古研究所：《车马坑》，载《上村岭虢国墓地》，科学出版社，1959，第42—47 页。其第三与第五号车箱下埋有狗。

这种集体行猎，出动了大量的车马，声势浩大，青铜器画像自然只能做很有限的描写，必须与文学作品互相参证，才能想见当年的盛况，予人以完整的印象。如《战国策·楚策一》之记："楚王游于云梦，结驷千乘，旌旗蔽日，野火之起也若云霓，兕虎嗥之声若雷霆"，确很壮观。《楚策》又说："有狂兕牂车，依轮而至，王亲引弓而射，壹发而殪。王抽旃旄而抑兕首，仰天而笑曰：'乐矣！今日之游也，寡人万岁千秋之后，谁与乐此矣？'"这种种场面、人物活动与心理活动，当然不是简单的且用作装饰之青铜器画像所能表达，然而这类题材之多见，也正见田猎之作为王公贵族的一种奢侈的娱乐之广泛流行。

然而也正是如此，必然劳民伤财，历代引以为戒。春秋时期魏绛谏晋悼公的"好田"，上溯到后羿代夏之后，"恃其射也，不修民事而淫于原兽"，因而很快招致了国破、家亡、身死的灾难，《夏训》曾引以为戒，甚至到了西周时期，《虞人之箴》还在念念不忘地反复这个教训。根据甲骨文的研究，有关商王田猎的记载相当丰富，巡游的区域广，流连的时间也长，商王朝灭亡的原因固然很多，但这种声色犬马"淫于原兽"与穷兵黩武，未必不是原因之一。

三

人与兽作面对面搏斗的场面，大多可以说是一种独立的题材，

图七　战国青铜器上的人兽徒搏纹样

有的也可看作是田猎场面的局部特写，用以表现古代勇士的英武，所谓"材力过人，手格猛兽"，"水杀鼋鼍，陆捕熊罴"（如《淮南子》《史记》之描写桀与纣），这又是主动寻找大兽、猛兽，以能猎得作为至高无上的荣誉了。

这类题材在战国青铜器画像中相当普遍，一般是一人一兽地进行徒搏，对象有麋鹿、野牛与豹。武士都是全身袒裸，肌肉发达而匀称，仅著一条"犊鼻裤"（安徽民间谓之"牛鼻子裤"），以保护阴部。常见的是持剑格斗，也见引弓待发的，间或用戈，但野兽身上往往附有矛或矢，可见所用兵器也是多种多样的（图七）。

两人共搏一兽的为数不少，这应是符合实际情况的描写，因为徒搏是一种危险的行为，"困兽犹斗"，反噬或反扑起来特别凶狠，即使是一对一的格斗，估计也须有人配合加以保护。青铜

图八　汉代画像砖上的人兽徒搏纹样

器画像上曾见这类受伤僵仆的猎者，汉代画像砖也见为野猪所伤害的描写（图八）。

中国古代盛产麋鹿，因此麋鹿也是主要的猎取对象[9]。《左传》记载襄公十四年（公元前559年），向之会、姜氏戎曾为自己辩护，认为他们在秦晋殽之战中建立了功勋——"譬如捕鹿，晋人角之，诸戎掎之，与晋踣之"，这个比喻正为画像作了解说。捕鹿尚且如此，与食肉类的猛兽搏斗自然就更是危险了，因此之故，《诗经·郑风·大叔于田》篇对此既大加赞赏，与此同时也提出了告诫：

9　例如《逸周书·世俘》篇记武王狩于商郊，获兽万余头，13种，各种鹿类居其五，8839头，占总数86%；鲁庄公十七年（公元前677年）冬，鲁国"多麋"成灾，《春秋》还特记其事，于此可见一斑。

叔在薮，火烈具举；

襢裼暴虎，献于公所。

将叔无狃，戒其伤女！

　　刺虎、射虎是中国古往今来的传统项目，但战国青铜器画像中，却以豹类为多（身上斑纹之作圆形可证），虎与豹是同属猫科的大型猛兽，后者更为矫健难于猎捕，所以才特加强调也未可知（见本文图七）。

　　至于人斗兽，甚至斗群兽的，现实生活中是不可能的，应是画家所作的艺术夸张。一人与两兽相斗的见于凫鱼猎壶腹部带饰之上，画猎者袒裸持剑，从容不迫地面对两头向他猛冲过来的野牛，不仅人小牛大，牛多人少，两者对比鲜明，而且对野牛的造型与动态作了深刻的状写——野牛因后肢中箭而被大大地激怒了，它们双目圆睁，低头昂角，鬃毛上竖，紧紧相随地冲击了过来，形成一股可怕的力量。在表现徒搏行为方面，这取得了很好的效果（见本文图七）。

　　一人或两人与群兽相周旋的，也见数例。这类图像大都装饰性很强，动物的组合也很特殊，如鸟兽共处一图之中，并包括带翼的神话动物，个别的还以远方动物入画（如北方铜器图像之有象），等等。这些兽类也没有搏噬与对抗的表示，与其称之为狩猎，还不如称之为驯兽或戏兽较为妥帖（图九、图一〇）。当然不无可能就是以王家兽苑所见作为题材，汉代绘画与雕塑艺术中便很

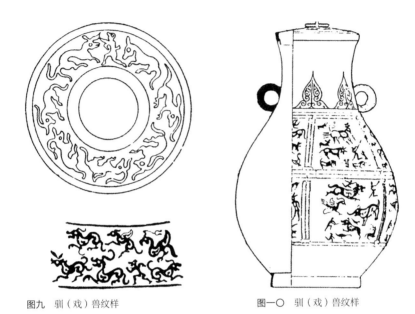

图九　驯（戏）兽纹样　　　　　　　　　图一〇　驯（戏）兽纹样

常见，但那都是狩猎之后的事情，而且是有意捕捉活物以供观赏，已在本题之外，这里就不加论述了。

四

画像中的田猎与徒搏，都是一般的风俗题材的描写，都是有意识地主动地驱逐猛兽，或寻找到而后与之决斗，至于人兽猝然相遇，彼此都为自身的生存而警惕相对，应属个别情况，在艺术上罕见描写，但洛阳金村出土铜镜上的骑士刺虎图所表现的却正是这一刹那间的情景，而且是所有战国青铜器画像中最为精彩的杰作（图一一）。

图一一　骑士刺虎图

　　这个图像精细地镶嵌在一个很有限的面积内（铜镜直径才 17.5
厘米）。一个满身甲胄的骑士与他所跨的战马，面对一只张牙舞爪、
猝起于前的猛虎，战马踟蹰嘶鸣，骑士却了无畏惧，拔剑跃马准
备下地与之搏斗，他的勇气也使猛兽受到了震慑，体现出了困兽
犹斗的情景。在人兽的造型与动态的处理上，打破了常规，一改
过去剪影式的描写：乘马采取 3/4 的视角，不仅画全了四足，而且
突出了胸部，即马的前躯这一最为神俊的部位，做了着意的刻划；
猛兽也是如此，尽管装饰性仍然浓厚（如关节转折处之作螺旋形，
身上斑纹整齐清晰），但从脊背开始描写，四肢有屈有伸，张牙而
且舞爪，全身由若干大小不等与各种走向的"S"形组成；图像太小，
人物表情难刻划，只以动作表示内心的从容与勇敢；表现人兽相峙，

恶斗即将开始，描写逼真而且生动。以这幅作品与上述种种作比，可见当时画师一定有高明与凡庸的差别，而且小可以观大，技术水平与成就的卓越，可能远远超出我们的想象。

这幅图像于艺术成就之外，也为研究中国骑兵的兴起提供了珍贵的、形象性的资料。战国以前，作战与出行都是乘车，几乎不见骑马的记载[10]。骑兵作战首先从北方邻近草原的地带兴盛起来，当然赵武灵王的"胡服骑射"最为有名，实际上在各诸侯国也很快地普及开来，然而反映在艺术上却很少见，正说明这还处在萌芽状态之中。河南辉县铜鉴刻纹曾见人兽组合，兽类头、颈与躯干修长，并且配有细绳与长鞭之类物件，应是调驯马匹的写照；山东临淄齐故城出土的半瓦当，常见一种树木双兽纹样，中央一树，树下左右各有一兽，兽形刻划简略，寥寥数笔，无法辨认兽种，但背上有骑者的兽，理应是马，曾见树下左右各系一骑，或头相向而对，或顺向相随而行，也见两马，其一有骑者，其一则否，当是骑士与他备用的副马。由此可见，骑马之风在齐地已经相当兴盛（图一二），以此类推，在北方其他诸国肯定也不例外，因而出现像洛阳金村出土铜镜上的骑士刺虎那样的杰作，也就不足为奇了。

某些（而不是所有）狩猎方式，往往也是一种军事训练手段，

10　如《左传》全书不见骑字；在殷墟第十三次发掘中，曾发现人、一马、一犬合埋于一坑的现象，死者随葬有兵器，马有头饰与马衔，详见石璋如：《殷墟最近之重要发现·附论小屯地层》，《中国考古学报》，1947年第2期。此后商周考古未再见此种原始骑士及坐骑出土，由此可见一斑。

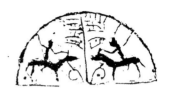

图一二　瓦当上的树木双兽纹样

古代的田猎与晚起的骑射，都属于这样的性质，这两种狩猎与作战，表现在艺术方面都与画马之事有关。马当然是具备多种用途的重要家畜，然而从统治阶层之角度来观察，正有如东汉著名军事家马援的名言所谓："马者，甲兵之本，国之大用。安宁则以别尊卑之序，有变则以济远近之难。"（《后汉书·马援列传》）这观点影响相当深远，并在画像石艺术中得到了充分的体现，并为画马之成为一个专科奠定了基础，此是后话，这里也就不去讨论它了。

五

与上述田猎、徒搏之猎兽相反，弋射则是专门以弓（弩）矢取鸟的一种行猎方式，前者与军事训练关系密切，后者虽然对加强射艺不无裨益，但是应该说更纯属一种爱好与娱乐了。

弋射的特点是以丝绳系于矢上，以便射中之后从容收回猎物。弋射所专用的短矢，古代称之为矰，丝绳为缴，绳之末端系石，名之为磻，以防飞禽将矰、缴带走。这种取鸟的方法可能从远古猎人之使用飞石、脱柄镖之类武器猎取鸟兽的方法发展而来，目的在于防止猎物逃走[11]。

弋射在战国时期最为盛行，文献常见引作譬喻，并且是青铜器画像最常见的题材之一，往往与车猎、徒搏共存于一器之上，但有的铜器还省去后二者，而只保存弋射，由此可见一斑了。

目前所见弋射场面描写比较全面的有两器。一件是故宫博物馆所藏宴乐铜壶：鸿鹄凫雁等水禽，栖息于沼泽地带，以折线象岸，群鱼象水，其上浮有小舟，用以显示特定的自然环境。左侧水禽表示弋射开始前的静态，而这部分的上空，已是群鸟蔽天，与右侧的高空仰射，取得协调。射者成群地隐伏于草莽之中，缴丝当然是看不见的，这里却以粗线条明确标出，以使上下取得必要的有机的联系。整个鸟群自左至右方飞动，描写很细腻，从静憩还不知危险的到来，到有的起飞时便被射中。画面高空的飞禽，射中的与脱逃的都有，个别的带箭回旋下翔，充分表现出了弋射的全过程，看出了时间的转移（图一三）。

另一件对弋射描写颇具特色的是四川成都百花潭中学出土铜壶上的画像。这幅画像由竞射与弋射两种题材组成，竞射安置右上部，下部与左方均为弋射，似为重点所在。猎者高空取鸟，描写很一般化，右方配有一座巨大的帷幕，中央与四周都有支柱，

11 宋兆麟：《战国弋射图及弋射溯源》，《文物》1981年第6期。

图一三　宴乐渔猎攻战纹图壶纹样

图一四　四川成都百花潭中学出土铜壶竞射、弋射纹样

图一五　鹰犬射猎图

帷幕内外华衮长服者居多，地上陈列着猎物，由此可见，画像所要表现的弋射，确实是一种娱乐，一种带有野营性质的贵族娱乐，与一般职业猎者的活动有着本质的差别。这种帷幕的运用，自然不限于弋射，估计田猎也应有之，实际上就是军旅所用，织物或皮革所为，因是有机物质易于腐朽，所以考古发掘难以见到，图像提供的这类资料也很重要（图一四）。

　　与青铜器上的弋射题材同时的，也见于湖北随县曾侯乙墓出土衣箱之上，只是偶然有之，不做重点描写了；此后还见于四川成都出土的画像砖上。弋射的逐渐衰歇，估计是从东汉时期起，狩猎用鹰流行后。射鸟借鹰犬之助便可得手，因而无须使用矰缴之类复杂的工具了（图一五）。

原载于台北《故宫文物月刊》1993 年总 123 期

青铜器采桑图像的主题
思想商榷

中国是蚕桑业的母国，对蚕桑业前史的探索，随考古事业的发展其时限日益提前。根据甲骨文字中的象形字、小型玉雕装饰品与保存在铜锈上的丝织品痕迹，可知中国古代的蚕桑业在商周时期已经灿然可观。东周时期，墓葬中又出土了大量精美的丝织品，而且在青铜器上发现了采桑图像[1]。这样，我们就不仅因考古发现见到了丰富的"物"，而且借助古代艺术品见到了为此而进行生产的"人"，见到了古代妇女辛勤采桑劳动的场面，"春日载阳……女执懿筐，遵彼微行，爰求柔桑……"情景的再现，使人倍感亲切。

---

1 采桑图像器范残片见于山西侯马牛村古城出土春秋晚期器范之中（详见侯马市考古发掘委员会：《侯马牛村古城南东周遗址发掘简报》，《考古》1962年第2期，图版2-10）；杜恒：《试论百花潭嵌错图象铜壶》，《文物》1976年第3期，认为侯马所见陶范采桑图像为时代最早者，其他均属战国时期。

1. 故宫博物院藏宴乐渔猎攻战
纹图壶
2. 成都百花潭画像铜壶

图一　采桑图

1. 陈梦家 A800-2 椭器
2. 陈梦家 A774-2 壶

图二　采桑图

采桑图像见于多种器物，其中以壶类为多[2]，现在选择两种图像比较清晰、画面形式又有不同的，试做介绍与分析。

第一种，画面基本作长方形，如故宫博物院藏宴乐渔猎攻战纹图壶与成都百花潭中学出土画像铜壶上的采桑图像（图一）。两者根据的是同一粉本而小有变化，并且都是与竞射场面交错地组织在一起。图中桑树两株，树上三人，树下却人数不等。前一器，树外有栏杆围绕，树下四人（图一，1）；后一器未画栏杆，树下人物有十一人之多（图一，2）。这两幅图像都安置在壶颈部分，即全器所有图像的最上层，说明很受重视。

图中的桑树，树身粗壮，树冠广大，古代所谓的"翳桑之下有饿人"的"翳桑"，可能便是指的这种多年生而且枝繁叶茂的桑树（《左传·宣公二年》）；晋公子重耳流亡齐国时，从者谋于桑下，有蚕妾在其上，竟然未被发现《左传·僖公二十三年》，于此可见一斑。这种自然状态的树桑，采摘往往不便，所以才要"取彼斧斨，以伐远扬"。这类桑树在其他器物上也常有所见（图二）。

第二种，图像镌铸在壶盖之上，因此画面成圆形。河南辉县琉璃阁曾出土一件，而最精美的一件出土地点不详，已经流落海外。器盖中心部位为一优美的圆涡纹样，其外围一周宽的环带，两者之间，饰以桑间歌舞场面，构成一种欢乐活泼的气氛（图三）。

2　此类载有采桑图像的铜器资料，《徐考》一文和《美帝国主义劫掠的我国殷周铜器集录》《山彪镇与琉璃阁》等书比较集中，本文图三采自日本梅原末治《战国式铜器的研究》，徐氏又称之为"凫鱼猎壶"而无盖。

图三　战国青铜壶盖上的圆涡纹与采桑图案

前一器中心仅一圆点，略欠灵巧。图中的桑树应是灌木形的地桑，桑株低矮，枝叶肥嫩，便利采摘，是一种优质的养桑品种。图像证明，这种地桑至少在东周时期便已有了。

　　这类采桑图像，就艺术创作来说是相当成功的。桑林枝叶扶疏，富于装饰意味，每片桑叶都一一画出并加夸大，枝条婉转，给人一种阳光透射，春光明媚的感觉。人物虽然较小，但表现手法简练，借此可以区别年龄性别，如少女披发垂鬓，老者扶杖，妇女长袖，男子佩剑，身段与姿势而外，也利用裳下皱襞表示足部的动向，细节的处理也颇具匠心。由于整个图像作为一个装饰单位，铸造难免粗糙，有时欠缺清晰，然而以小观大，也可窥见当时绘画艺术所达到的成就，很可珍贵。青铜器上的这种采桑图像题材的出现，自然会引起历史、考古、艺术与农史等各界的重视，然而这类图像出现在专供欣赏之用的青铜器之上，含义何在，又为我们提出了一系列值得探讨的问题。

第一，这类镌铸有画像的青铜器，最常见的题材是宴乐、竞射、田猎、弋射、水陆攻战等，都是这些青铜器享有者贵族阶层生活与好尚的反映；而采桑却是一种普通的劳动，而且是妇女的劳动，历来不受重视，现在多种题材却彼此共存于一器之上，而且采桑都是安置在很显著的位置，如壶颈与器盖之上，并与"君子无所争，必也射乎"的射礼场面组合交错在一起，可见性质很不平常。

第二，采桑图像中的人物，无论男女少长，都是长服曳地，腰间束有环带，裳下还有袯襫之类的缘饰，与其他题材中从事劳动与战斗的人物有别，应该都是贵族而非一般平民与奴婢。"遍身罗绮者，不是养蚕人"，如今为什么既是罗绮者，而同时又是养蚕人了呢？

第三，蚕桑既是妇女的专业，桑林又是妇女的劳动场所，但图像中为什么又显然有腰间佩剑的男子杂厕于其间？人物形象的刻画虽然简单，然而在这一点上却是没有疑问的。

从以上提出的疑点来看，正说明图像的题材虽是采桑，而主题思想却在于表现春游与歌舞场面，描写青年男女间的情爱——器盖采桑图像处于歌舞群中，有男子参加，而宴乐铜壶右边伴随少女采桑的，却是首有所戴、腰间佩剑的男子，彼此当然是在谈情说爱，不能再有别的解释了。这种表现妇女采桑劳动的艺术创作盛行于东周时期，昙花一现之后，就再难看到了，其之所以如此，必须从中国古代历史传统与社会风习中来寻求答案。

中国蚕桑业的起源很早，桑林既是妇女经常劳动的场所，而桑林所在，又往往与一些古老的宗教崇拜有着密切关系。在商代，后来在东周时期的宋国，采桑季节，桑林既是进行社祭的神圣区域，又是青年男女求偶的地方，因此很早便已蒙上了神秘而浪漫的色彩。"仲春之月，令会男女。于是时也，奔者不禁。"《周礼·地官·媒氏》还记载有这种礼俗。中国古代常以"云雨"暗示两性的交媾，认为祷祠于桑林，便能兴云布雨，祛除旱象，具有神奇的力量了。在西周、春秋时期，在商族旧地的郑、卫一带，青年男女借采桑活动歌舞求爱的习俗还很盛行，《诗经·国风》中还保留了许多这类诗篇。在这种旧俗还未泯灭的春秋战国之际，采桑图像之见于青铜画像之中，也就不会感到突兀了。但随着时间的推移，妇女婚前自由的旧俗也逐渐趋于消失，人们从不很理解到加以责难，于是所谓"桑间、濮上之行""郑、卫靡靡之音"，便成为讽刺淫奔野合与追求逸乐的同义语了。

从采桑图像的描写来看，还有一点值得注意，即桑林所在，不像是一般田野，如与竞射图像组织在一起，其中既有建筑物，并有栏杆之类设施，很可能是一种特殊性质的王室桑园，这种桑园，在古代确曾存在，不过这又须从另一个古老的历史传统来做解释了。

《礼记·祭统》篇在论古代天子、诸侯及其配偶敬事神明之道的问题时说：

> 是故天子亲耕于南郊，以共齐盛（按共即供，齐即粢），王后
> 蚕于北郊，以共纯服；诸侯耕于东郊，亦以共齐盛；夫人蚕于北郊，
> 以共冕服。天子诸侯，非莫耕也，王后夫人，非莫蚕也，身致其诚信，
> 诚信之谓尽，尽之谓敬，敬尽然后可以事神明，此祭之道也。

汉代经师们的这段论述，说得十分玄妙抽象。实际上，这种天子、诸侯的"亲耕"与王后、夫人的"亲蚕"，不过是原始氏族制度下，部落酋长也曾同样参加生产劳动的历史传统在文明时期的残余表现，是一种在特定季节里（主要在春季）进行的一种宗教仪节。天子、诸侯的"亲耕"，表现在中国古代籍田礼方面，与此相应的则是王后、夫人、世妇的"亲蚕"。据说从育种、食（饲）蚕、奉茧、缫染、成服，然后"以祀先王"，较之行辖田礼时，"王耕一墢，班三之，庶民终于千亩"（《国语·周语上》），好像劳动量稍大，实际也同样是仪节性的。仪节过后，种种经常性的繁重劳动，仍然由蚕妾之类的女奴们来担任。既然是王后、夫人"亲蚕"，当然会有特定的场所，即所请"公桑蚕室"，据说这种"公桑蚕室，近川而为之，筑宫仞有三尺，棘墙而外闭之"（《礼记·祭义》）。这种王室桑林，不过是个与世隔绝的贵族庭园，其中的种种活动，

正可与青铜器上的画像互相说明，与其他风俗题材的主题思想互相协调，彼此并无差异。

原载《文物天地》1990 年第 5 期，原题为《中国青铜器上的采桑图像》

古代庭园植树与
观赏养鹤

　　河南辉县赵固区出土的"宴乐射猎图刻纹铜鉴"（以下简称赵固刻纹鉴），鉴之内壁以细如毫发的线条满刻屋宇、林木、人畜鸟兽、器用设备，题材丰富，内容复杂，其中可论之事甚多，现在只选一两个小而过去又不为人注意的问题略作申述。

　　赵固刻纹鉴既以宴乐与射猎命名，顾名思义，这两方面题材的刻纹自然居于主要的地位。宴乐刻纹图像大体分配在上下叠置的三个层带之中，然而交相杂错，不做机械的安排。一组巨大的建筑物贯通上下，居于主导的地位；宾主揖让周旋，乐工鼓钟击磬，作为特写被安排在屋宇之外，统一之中，又能灵活多变，确属别具匠心。

　　赵固刻纹鉴刻像的"射猎部分"，根据报告书的记述，有"人

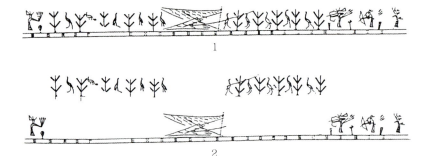

1. 展示图
2. 可能情况之设想

图一 河南辉县赵固区出土燕乐射猎图刻纹铜鉴"射猎"图像

物九，林木鸟兽三十，器物二十三，皆园林池沼风物"。报告书
附图138幅，作块形的画面展示图中，射猎场面约占2/3：陆上田猎，
居于图之右下方，图像漫漶不清；泛舟弋射（或射鱼），居于图
之左下方，图像也大部分磨灭，只余小舟与乘者两人，其一带箭，
知与射猎有关，如此而已。最明确也最完整的是最上面层带中的
射者与松鹤：一端射者三人，两人弯弓平射，一人动作不明；另
端一人持箭四只而无弓。这两组人物之间，松与鹤各十，一松一
鹤相间排列。两组松鹤之间，又有一个呈 X 字形的物体，刻划得
很潦草，使这一行列一分为二（图一，1）[1]。对于这一场面是否
属于射猎范围，报告书未做明确说明。郭宝钧先生在所著《中国
青铜器时代》一书中，将其解释作"墙外松鹤满园，三人弯弓而射，

---

1 中国科学院考古研究所编著：《辉县发掘报告》，科学出版社，1956，第115—116 页。

迎面张网罗以受逃"。后来王恩田先生写《辉县赵固刻纹鉴图说》一文，对郭氏的这个"射鸟"说提出异议，认为所描写的应是竞射的场面，所谓罗网（图一中 X 形物体），实为古代称之为"侯"的箭靶，"至于'松鹤满园'，可以视为对周围景物的描写"云云[2]。这个意见如果成立，那么旧日看作射猎的绝大部分就应剔除，射猎刻纹就不能占据图像的主导地位了。

我认为把这部分图像解释作射礼场面，松鹤乃"对周围景物的描写"是正确的，虽说解释还欠圆满。例如王恩田认为：在镶嵌狩猎铜器中，弋射尤多。无论射者站立或跪坐，均作仰天而射，无一例外。而赵固刻纹鉴中的"弯弓而射"者均面向正前方而射，并未仰天而射。事实诚然如此，但揆之实际，射者必须"有的放矢"，猎物在上则仰射，在下则俯射，如果在地面平走，也就要面向前方而平射。赵固刻纹鉴的群鹤既然漫步林中，射者在平射，旧释射猎也就无可厚非了，另外，既然"松鹤满园"是"对周围景物的描写"，为何松鹤又杂厕于竞射者中间，正对矢之所向？既然如此，解释作射猎又有何不可？

我个人认为，竞射与"松鹤满园"是各自独立的两组图像，赵固刻纹鉴的画工为了画面的组织紧凑，做了大胆的尝试，把两者重合在一起，因此产生了种种误解，而且难做解释。

2　王恩田：《辉县赵固刻纹鉴图说》，载文物编辑委员会编《文物集刊》第 2 辑，文物出版社，1980，第 164 页。

1. 上海博物馆藏宴乐画像杯纹饰
2. 故宫博物院藏宴乐渔猎攻战纹图壶纹饰
3. 四川成都百花潭中学出土铜壶纹饰

图二　青铜器画像所见竞射场面

　　青铜器画像艺术对于竞射场面，大都采用侧面的表现方法，即射者与箭靶左右并列；个别的才作正面的描写，即箭靶在远端，画在上方，人在近处，也就画在下方（图二）。这是中国古代绘画艺术处理空间关系常用的方法[3]。刻纹鉴竞射图属于前一种情况，而适当加大射者与箭靶之间的距离，应该说是比较接近于实际情况的，然而也因此为画家提出了难题：对于画面上必然出现的相当长的一段空白，或是保存现状，或是在射者与箭靶之间填充一组形象，二者必居其一，然而都不易处理。如依前者，构图显得突兀；若从后者，靶场若放置器物，停驻人畜，又不近情理。刻纹鉴的画师不得已而采取了古代绘画艺术所罕用的办法，即把附近的景物画了进去。如果用现代绘画作比喻，竞射这一组是近景，傍近靶场的松林与游栖

于其中的鹤群是远景。又由于这类青铜器画像简单质朴并富于装饰性，对于远景也难作透视学的处理，而且所在位置近于口沿，想以上为远也没有可能，结果便使得远景、近景重合在一起而无法区分，极容易使人产生竞射者是射猎者的错觉（本文图一，2是我设想可能存在的情况）。

至于这种"松鹤满园"的景物，无论是在"墙外"还是在"墙内"，都绝不会是一种自然景观，树木既是人工有意识栽种的，鹤群也应是为观赏目的而豢养的。

这些树木树身等高，株距等宽，参照其他青铜器上所见画像描写当是松类，并与今日现实生活所见几无区别（图三）。可见配合庭院建筑，做有计划的植树，至少在战国时期已很盛行了[4]。

鹤是一种生活在沼泽地带的涉禽，除了偶然的情况，平时并不栖息在林间[5]，故宫博物院藏宴乐铜壶的弋射图像所画水禽，其中便有鹤存焉，最为真实（图中以"之"状线标示水际，其中并有小舟可证）。后世以松鹤为题材的绘画非常流行，这虽然与刻纹鉴为代表的松鹤组合图像一样，都是违反鹤类天性的，但两者又有所区别：前者因为松鹤都是长寿之物，取其"松鹤延年"的吉祥之意，完全出于想象而非事实，对此自然科学家辨之已久[6]；

---

4 大凡战国刻纹铜器绘有建筑物者，大都有这类等高等距的小树，并演化成为缘饰，今略举数例示意，不另一一注明。

5 《诗经·小雅·白华》虽有"有鹙在梁，有鹤在林"之句，但正谓各不得所，可见古代早知鹤应在梁取鱼为食。

6 郑作新：《中国的鹤类》，《大自然》1980年第2期。

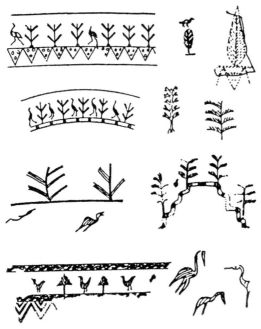

图三　青铜器所见树木与禽鸟

至于后者，则松既是人工有意识的栽种，鹤也应是为了观赏而专门豢养的，同在庭院或园林之中，画家不过写其所见而已。

　　鹤的形态优美，舞姿翩翩，鸣声嘹亮，而又性格温顺，很早便受到人们的喜爱，很早便已见之于《诗经》的吟咏（如《诗经·小雅·鹤鸣》篇）。在中国为观赏而养鹤开始也早，春秋初年已有"卫懿公好鹤，鹤有乘轩者"的记载。这位荒唐的君王因为这个癖好，招来了杀身亡国的惨祸，这已是大家很熟悉的故事了（《左传·闵公二年》）。战国秦汉时期没有很直接的记载，《穆天子传》说："天

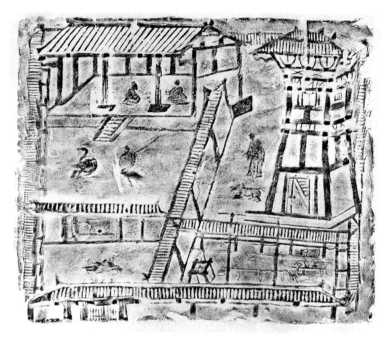

图四　四川成都扬子山出土东汉时期画像砖

子射鹿于林中，乃饮于孟氏，爰舞白鹤二八。"此书于西晋初年与《竹书纪年》同出，实为战国时期的小说家在风俗方面以今说古的作品。这种可以观舞之鹤，当然是人工所豢养的了；传文既说其数"二八"，"二"当指行列，"八"无论是指总数，还是每行各有之数，数量都很有可观，正可与刻纹鉴上的那种"松鹤满园"景象互相说明。四川出土东汉时期的画像砖上，曾见庭院之中，堂上主客酬应，庭中双鹤对舞的描写（图四）。由于爱鹤、养鹤的历史传统迄至明清从未中断，文献所见有关纪事、艺文、专著多得不可数计，然而就地下出土的形象资料而论，战国青铜器上的画像，应该是目前所知最早的了。

赵固刻纹鉴上的这种松鹤组合，运用得非常普遍：一松一鹤相间，用作竞射场面的配景；而三松一鹤的排列，则用作铜鉴口沿上的装饰，环周共有鹤十二、松三十七。战国青铜器上的画像，无论其工艺技术如何，内容为何种题材，本来就带有一定的装饰因素。将庭院植树有意识地整齐化，将其有规律地排列，更有利于作图案化的处理。这种刻纹鉴的有关描写，或者说许多画像铜器上的类似描写，也许因此进一步启发了画家的灵感，把这种"松鹤满园"的景象，稍稍加工并做移植，就变成绝妙的器物装饰了。

原载《文物天地》1990年第3期，原题为《战国铜鉴上的庭院植树与观赏养鹤》

舟战图像小议

　　战国画像青铜器上，曾有三件描写水战，也就是舟战，彼此模式相同：都是两舟相对，船头建有旌旗，船尾树有金鼓；船身采取几何学剖面式的画法，隐蔽于舱中的桨手都历历可数；甲板上除了旗鼓兵器，别无建置；战士持戈、戟、剑、盾、弓、矢以与敌船相对厮杀，船下空白处绘有群鱼，表示船行水中。所见三器都是根据同一粉本而小作变通。例如：河南汲县山彪镇出土的水陆攻战纹铜鉴，船底只有一层，船头、船尾一律上翘外卷（图一）；故宫博物院藏宴乐铜壶的船底则为双层，尾部上翘而内卷并附有装饰，船下水中都有战士，所处部位与姿态也各不相同，情况比较复杂（图二）；四川成都百花潭中学出土画像铜壶上的舟战图像，

图一　河南汲县山彪镇出土水陆攻战纹铜鉴图像

图二　故宫博物院藏宴乐渔猎攻战纹图壶图像

图三　四川成都百花潭中学出土战国铜壶图像

126

船形综合上两器的特点，左船与山彪镇同而有双层之底，右船则与故宫博物院藏器相同，船尾也有装饰，不过船底紧接画幅边缘，因此，船身之外便无所描写了（图三）。

除了这三件器物所见，还可找到一点补充资料。山西浑源县李峪村出土的蟠螭纹铜盘残片上，刻画人物裸泳，身旁有大鱼四条，过去解释作"游泳"或"捕鱼"，前者自然无可非议，至于后者，实际上是不可能的。这种比人都长大的鱼类，只能以弓矢、叉、网相取，绝不是徒手可得的。因此我认为这件残片可能也是舟战题材的一个局部，只是鱼的形体有所夸大而已（图四）。

这种船舰对阵的作战方式，应是南方所特有而为北方所不见或罕见的。因为北方除大河而外，一般河流的河床平浅，水量的荣枯因季节关系变化往往很大，所以船只主要用于运输与津渡，不是生产与生活所必需（当然个别地区例外），因而也无从发展成为战船并用于舟战。南方情况则相反，河流纵横，有的地方湖泊星罗棋布，水量充沛，船只与生产和生活的关系特别密切，因此船只用于军事目的开始时间也早。春秋时期楚国常兴"舟师"以伐吴，屡见于《左传》的记载，但记载过于简略，不知是指以船舰运送军队与物资，还是指以船舰同吴国的水师对阵，因此《左传》所说的"舟师"还不能肯定便是舟战[1]。

中国古代有关舟战的记载，始见于《墨子·鲁问》篇："昔

---

[1] 详见《左传》襄公二十四年、二十五年，昭公十九年、二十四年、二十七年，定公六年，其中昭公十九年为楚伐濮，余均为楚伐吴。哀公十年，吴兴舟师海道伐齐。

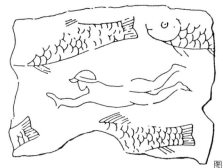

图四 山西浑源县李峪村出土蟠螭纹铜盘图像

者楚人与越人舟战于江。"楚人居于上流，进易而退难，越人居于下流，进难而退易，所以"越人因此若势，亟败楚人"，后来"公输子自鲁南游楚焉，始为舟战之器，作为钩强之备，退者钩之，进者强之，量其钩强之长而制为之兵。楚之兵节，越之兵不节，楚人因此若势，亟败越人"。《庄子·逍遥游》篇也提到吴越在冬天进行"水战"，吴人因有了"不龟手之药"而取得了胜利。由此可证春秋时期南方确有水军与舟战之事的存在，而这种反映南方生活的题材，反复见于北方青铜器之上，也足证战国时期南北方文化艺术交流的加强。

图像中的这种军事性质的船舰，当时的名称不详，从船只进行武装与桨手隐蔽在舱中等特点来看，颇有些类似汉代的"戈船""露桡"与南北朝时期的"蒙冲小舰"。

裴骃《史记集解·南越列传》注引臣瓒曰："《伍子胥书》有戈船以载干戈，因谓之戈船也。""露楫在外，人在船中"(《后

图五　腓尼基商船

汉书·冯岑贾传》颜师古注）的武装船只，后世仍有记载。《宋书·王镇恶传》说刘裕北伐时，"镇恶所乘皆蒙冲小舰，行船者悉在舰内，羌见舰溯渭而进，舰外不见有乘行船人。北土素无舟楫，莫不惊惋，咸谓为神"。这种把桨手隐蔽于舱中的船只，古代腓尼基人似乎也曾有过。古代艺术品所见腓尼基商船，桨手也是位于舱中而"露桡"在外。之所以如此，大约不是为了便利作战，而是船主居住在甲板上舒适明亮的房舱中，奴隶身份的桨手安置在黑暗气闷的底舱部分，据说他们都被锁在长凳上，生活条件恶劣，劳动非常艰苦 [2]（图五）。从青铜器舟战图像来看，舱底的桨手，虽然上下袒裸，然而却不是奴隶，腰间佩剑，表明他们仍然是战士，袒裸仅是为了操作的方便，甚至必要时还要参加战斗，隐蔽舱中而"露桡"在外，可无须顾虑受到外界的攻击与伤害。

2　［苏］Ⅱ.г.列节尔：《腓尼基的航海者》，载司徒卢威编，陈文林、贾刚、萧家琛译：《古代的东方》，人民教育出版社，1955，第211页。

综观上述三器与残片资料，"宴乐铜壶"的描写比较全面，其中船底为双层，水中又有游泳者或潜泳者，这个问题值得重视。船底之所以为双层，一方面是铺平舱底，以便利桨手的行动与操作，另一方面，似乎也是防范敌人进行破坏的一种措施。两者必居其一，或者兼而有之。

船舰作战之外，往往也派生出"水鬼"之类人员破坏敌人船只的事，古代记载中也曾有些蛛丝马迹。裴骃《史记·集解·南越列传》释"戈船"，引"张晏曰：越人于水中负人船，又有蛟龙之害，故置戈于船下，因以为名。"这当然是望文生义，前人对此已深表怀疑，因为这样既无法装置，也使船只无法行驶，但这里提出了防止"越人于水中负人船"的问题，这种事在古代大约是曾经发生过的。

《越绝书·外传·记地传》说：

> 江东中巫葬者，越神巫无杜子孙也。死，句践于中江而葬之，巫神，欲使覆祸吴人船。去县三十里。

巫师施法诅咒敌人，同时也祈祷自己取得胜利——胜利可以用作战取得，也可用暗害的办法达到目的。所以《越绝书·外传·记地传》又说：

> 石塘者，越所害军船也。塘广六十五步，长三百五十三步。去县四十里。

"越所害军船"，当是吴国的军船，但不知是灭吴后的战利品，还是前来此地作战的俘获。所谓"害"者也不知何指？如果是"越人于水中负人船"作战的船只，即使是蒙冲小舰，可能体积与重量也都很可观。所谓"负"者，应指从船底将船整个掀翻，这恐怕难度很大，大约只能在夜间乘人不备时，运用较多的人力才能进行。此外，可能使用潜泳办法，在敌船船底进行种种暗害活动，例如后周显德三年（956年），张永德败南唐水军于下蔡，便是"夜令善游者没其船下，縻以铁锁，纵兵击之，船不得进退，溺死者甚众"，因而取胜（事详《资治通鉴》卷二九三）；又，明嘉靖三十五年（1556年），倭寇攻桐乡城，防御计划除用树木堵塞河道绝其归路外，还"悬赏格觅善浮水人，暮夜能钻敌船致破，受上赏"（明人李乐《见闻杂记》卷五）；等等。估计古代可能使的是钻凿的办法，所以才有画像所见，加强船底的部分以作防范。

　　关于双层船底的设想，因为涉及中国古代造船技术问题，不敢武断，因此特别请教现代水运工程方面的专家，他们认为第一种设想是可能的。为了便利桨手的操作与往来，铺平船底是有必要的，但是使用木板即可。目前所知最早的例证是1984年山东蓬莱水城出土的明代战船，现在知道上限可以提到春秋战国时期，资料也很重要。第二种设想却没有可能，如果说为了防止敌人的破坏，特别装置密封的双层船底，但古代木船制造技术无法解决漏水问题，只有现代化钢板船兴起之后才有可能。在木板船的"水密"技术方面，中国古代是很先进的，如利用桐油、丝麻、竹絮

131

作为捻缝材料，效果相当良好，但在水中行驶一定时间以后，缝隙间仍然难免漏水，因此船上的水手要经常注意并及时排除积水。如果木船也安装了这种"水密"的双层船底，夹层中很快便会充满水，并且无法排除，以致继续向上渗透，完全是一种徒劳的措施，估计古人是不会不知道的³。现在"宴乐铜壶"上的战船图像的确画出"水密"状态的双层船底，应是艺术家对铺在舱底可以活动的木板，所作的示意性的表现，并非实际的情况。

原载《文物天地》1988年第2期，原题为《青铜器舟战图像小释》

3　根据武汉水运工程学院席龙飞教授1987年9月22日来信。

刻纹铜匜残片

刻纹铜匜残片，河南博物院藏（河南博物院供图），战国时期青铜器，河南辉县出土，残宽30厘米，仅存有铜匜流及以下的一部分。器外壁素面，内壁线刻图画。流部纹饰模糊不清，流与器壁交汇处饰水波纹带，其下为一座二层阁楼，楼上为宴饮场景，主人居坐正中饮酒，两侧奴仆来往传送酒食；下层为乐舞场景，中间为长袖细腰的舞者，两侧阁内是吹笙乐师；阁楼右侧似有渔猎场景。阁楼下装饰三角纹。匜右侧上部有两组图案，上一组刻划树木，下一组为宴饮延伸场景，中间为一案，上置两酒壶，两侧人物或盛酒，或来往传送。刘敦愿先生认为，这类用作青铜器装饰的绘画，大多是写实风格的风俗画题材。

曾侯乙编钟

曾侯乙编钟，湖北省博物馆藏（湖北省博物馆供图）。战国早期，1978年湖北省随州擂鼓墩一号墓出土。西架长748厘米，高265厘米；南架长335厘米，高273厘米。编钟出土时，钟即在架上，计有铜木结构钟架一副，钟65件，挂钟构件65副，演奏工具8件。编钟包括钮钟19件，甬钟45件，镈钟1件。上层3组19件，均为钮钟，体较小；中层3组33件，均甬钟，体形居中；下层2组13件，除西架正中的一件镈钟外，余均为大型甬钟。刘敦愿先生认为曾侯乙墓出土的这组编钟和巨大的铜木结构的钟虡，可以与同时期画像铜器上的图像相互印证，也证实了《考工记·梓人为筍虡》一文所言不虚。

试论战国艺术品中的鸟蛇相斗题材

一

解放前夕，长沙市东郊陈家大山的一座楚墓中，首次发现了战国时期的帛画，这件艺术珍品引起了国内外各界的重视，学者们从历史、考古、美术等不同的角度，做了多方面的研究。当时的摹本，由于科技水平的限制，欠缺精确，而且有明显错误的地方，因此，近年来湖南省博物馆运用较先进的科学方法，对这幅帛画重新进行了清洗与观察，并摹绘了新本，大大增加了这件艺术珍品的科学价值，这是很值得庆幸的事情。

对于这幅帛画，最早做出解释并且影响较大的是郭沫若同志的《关于晚周帛画的考察》一文。他认为女子头部上方所画为一夔一凤，前者代表邪恶，象征着死亡或战争，后者则代表善美，象征着生命或和平，妇人则代表当时渴望和平的人们，她正在祈祷，希望生命战胜死亡，和平战胜战争[1]。其后，孙作云同志认为，图中左上方郭沫若同志以为"夔"者实为龙，帛画即龙凤导引墓主升仙之意[2]；王仁湘同志认为，上层左为"丰隆"，右为"鸾鸟"，妇人则为"宓妃"，是一幅"丰隆鸾鸟迎宓妃图"[3]；杨宗荣同志则看作是一幅"墓中镇邪的东西"[4]。如此等等，说法较多。

现在既然新本代替了旧本，过去根据旧本所作的解释就值得考虑了，为此，湖南省博物馆熊传新同志比较了新旧两个摹本的差异，对帛画的内容及其主题，重新做了解释与探讨，写了《对照新旧摹本谈楚国人物龙凤帛画》一文[5]。他认为原画的构图与布局可分为三层：上层为天空，左方的神话动物是龙而不是夔（旧本少摹了一足），"妖娇上腾，作扶摇直上的形态。右上方为凤，苍颈奋起，似欲飞向'天国'"，它们都是人神登天升天驾驭的神物；女子居于中层，根据墓葬共存文物考察，所绘应该就是墓主人；最下一层，有弯月形物，表示的是大地，旧本也漏摹了。人物、龙、凤，三者密切关联，反映了我国古代"引魂升天"的

1 郭老此文发表在《人民文学》1953年第11期，并收入所著《文史论集》（人民出版社，1961，第288—298页）。后来他写《桃都、女娲、加陵》一文（《文物》1973年第1期），又认为此图下方的女子为女娲，"上部画凤与夔的斗争，凤胜而夔败"。
2 孙作云：《长沙战国时代楚墓出土帛画考》，《人文杂志》1960年第4期。
3 详见王仁湘：《研究长沙战国楚墓的一幅帛画》，《江汉论坛》1980年第3期。
4 杨宗荣：《战国绘画资料》，中国古典艺术出版社，1957，第5页。
5 熊传新：《对照新旧摹本谈楚国人物龙凤帛画》，《江汉论坛》1981年第1期。

神仙思想——"她的双手向着已在天空中的升天驾御之龙凤……引导或驾御她的幽灵早日登天升仙"。湖南的同志对于楚文化中的艺术品,具有丰富的知识,研究较多,体会必然深刻,因此熊传新同志根据新本所作的研究,自然是值得大家重视的。

纵观以上几家说法,大体是三派意见,郭老与杨宗荣同志彼此相近,孙作云与熊传新两同志意见相近,王仁湘同志持又一种意见。由于后来新的帛画资料在长沙继续有所发现,时代既有战国的,也有西汉的,如人物御龙帛画与马王堆T字形帛画等,目前大都认为与"引魂升天"的神仙思想有关,因此,与这幅人物龙凤帛画联系起来考察,似乎以孙、熊一派的意见为胜。不过,我个人有个简单的看法,这幅帛画的新本,诚然对旧本做了许多的更正,避免了以讹传讹,但也同时提出了新的问题,问题仍然集中在那个作龙蛇形象的神话动物身上,也就是它究竟代表的是善灵还是恶灵。

第一,旧本漏摹了一足,因而使人误释为夔,但古代的龙,最初只是神化了的蛇,因此它是无足的,其后则是神化了的蜥、鳄之类的爬行动物,因此它又成了四足的,但是像新本中那样两足的龙,还很罕见。过去把它解释作夔固然不对,现在无条件地把它就看作是龙,恐怕也还是可以商榷的。

第二,新旧摹本互相比勘,在细部方面,出入诚然很多,但在人物、"龙"、凤三者的部位与关系方面,却没有发生任何的变化,仍然是"龙"凤这一组合,居于上方显著的位置,凤的形体巨大，毛羽翕张，奋发搏击，显然居于优势，而"龙"则形体细小，局促于一侧，居于劣势，也应是不言而喻的，因此，给人的印象，仍然是两相搏斗，而不是互相协调与互助对称的。

这幅帛画中的神话动物，不管左方的那个最后怎样予以命名，它仍然是蛇类的形象，因此这一组合，完全可以说成是鸟与蛇的搏斗。在战国时期，北方的青铜器画像与南方的彩绘木雕，以及工艺品中，鸟蛇相斗的题材是很流行的，而且也都是鸟居优势，蛇居劣势。这幅帛画，如果单独地进行考察，可以作这样或那样的解释；如果把它放在战国造型艺术这个总体中来考察，帛画上方的这种"龙凤呈祥"，仍然不过是上述那种时代好尚的必然反映，并不例外。因此之故，我认为对于这幅帛画的主题思想进行深入研究，一定要兼顾到战国艺术品中流行的这种鸟蛇斗争题材，而且这种鸟蛇斗争题材本身的含义，也是一个很值得研究的问题。

二

先谈第一个问题，即帛画中这种双足龙蛇的问题。

这种神话动物，在战国艺术品中，似乎是首次发现，但，如果向上追溯，则可在商周青铜器纹样中找到类似的例证。这个时期的觥，装饰最为华美复杂，器身与附件往往由多种动物形象组合而成。不少的觥盖上，常见使用一条蟠结的龙蛇作为装饰，头部塑作立体的，上面安置两只菌状的双角，突目露齿，形象狰狞；

至于身体，则浮雕在器盖上，或全身作螺旋状的环绕，或全身稍直，仅尾部略略蜷曲，但在身体的前部，都是左右各有一足[6]。这种两足的龙蛇，勉强也可解释作夔，左右两足的目的在于便利侧视，观察时，于左于右都可获得夔有一足的效果。但这种龙蛇刻镂在平缓的球面上，而且身体蟠结，要求取得的是俯视的效果，并不需要对称，如果是夔，不必为之再添一足。因此，我认为这种双足的龙蛇，应是另一种神话动物，只不过文献失载罢了（图一）。

关于这种双足的龙蛇，如果再往前追溯，还可在甘肃史前期的彩陶上找到类似的例子[7]。武山县西坪遗址一件出土的甘肃仰韶文化彩陶瓶上，绘有一个蛇身双足的动物（图一，2），头部近似人类，说不定就是最原始的伏羲或女娲之类的神祇[8]。这种神话动物与商周觥盖上的两足龙蛇，时代相隔很远，彼此间的继承演化关系难于推测，很可能是一种流传在我国西北地区的神话，后来通过周族的媒介，见之于青铜器纹饰的。至于湖南战国帛画上也见到这种图像，可能是从西周春秋时期的装饰艺术直接继承而来，也可能是残存于民间的某种古老神话，重新在文学艺术上的体现，从神话传说的记录情况来看（神话性质很古老原始，但被记录下来的时代很晚），这种可能也是存在的。

6　如中国科学院考古研究所编：《美帝国主义劫掠的我国殷周铜器集录》，科学出版社，1962，第936、937、939、940 页，图版 A656、A658，本文图一，3 摹自后一器。

7　详见甘肃省博物馆：《甘肃古文化遗存》，《考古学报》1960 年第 2 期；甘肃省博物馆编：《甘肃彩陶》，文物出版社，1979，图版 3。

8　［晋］皇甫谧《帝王世纪》谓华胥履大人迹，"生庖于成纪，蛇身人首，有圣德，为百王先"（《周易·系辞下传》《五经正义》引），成纪于汉代属汉阳郡，在今甘肃省通渭县境，说明我国西北地区也有蛇身人首之类的神话传说，是否就是太昊伏羲氏那倒不一定。

图一　两足龙蛇

图二　北方画像铜器上所见鸟蛇相斗图像

三

现在再谈第二个问题。鸟蛇相斗题材，战国时期流行。大体说来，北方都是用作画像青铜器上的纹样母题，面积很小，往往作对称的或连续的排列，形象优美，装饰性强。抗战前，河南汲县琉璃阁战国墓群中，这类青铜器出土不少，根据已发表的材料，鸟蛇斗争纹样大多在壶的领部或下腹，豆的跗部也偶有之。以这批铜器作为标准，可知一些失去出土地点的画像青铜器，大多是北方的创作，仅就一般容易看到的图录与论文的图版做点搜集，数量也就相当可观（图二）[9]，不过这类鸟蛇相斗图像，有的往往与羽人神话结合在一起，为什么要做这样的组合，情况可能很复杂，含义目前还难了解。

南方的情况比较复杂。青铜器上还未发现这类图像，但彩绘木雕方面则比较多见，如：流落海外的一件双鹤双蛇大型木雕，应是出自战国楚墓，双蛇为座，座上有榫眼，双鹤耸立其上，因此也是鸟践蛇的形象（图三）[10]；湖北江陵望山一号墓出土的一件彩绘木雕小屏，屏面上鸟蛇相斗题材占主要地位，共计有鸟八只，蛇十五

---

9 本文图二所采鸟蛇相斗图像根据以下各书：1、3、5、7—9、12，摹自郭宝钧：《山彪镇与琉璃阁》，科学出版社，1959，图版93、102与103，图2-9之夔为羽人图配景，非鸟蛇相斗；11摹自《徐考》图版六；2与10摹自容庚：《商周彝器通考》（下册），台湾大通书局，1941年，图384、759；4、6摹自中国科学院考古研究所编：《美帝国主义劫掠的我国殷周铜器集录》，科学出版社，1962，第1034页，图版A722。

10 《美帝国主义盗劫我国文物的罪证》，《文物》1960年第3期。

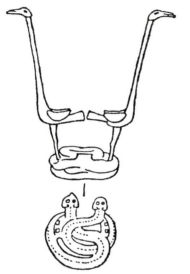

图三　美国克利夫兰美术馆藏双鹤双蛇彩绘木雕　　　图四　安徽寿县鹰践蛇青铜雕塑

条[11]；河南信阳长台关楚墓出土的双凤虎鼓，凤所践者则为双兽，
可能是变例[12]。南方青铜器上的雕塑也有以此为题材的，如：安徽
寿县出土的青铜器盖，塑有鹰践蛇的形象，鹰伸颈展翅，双足站立
在一个单头双身似蛇的怪物身上，蛇头向上，似作挣扎状，而前者
"显然呈现着战胜者的神气"（图四）[13]；云南石寨山出土的一件
有銎铜钺，銎上是两只相背对称的鱼鹰，昂首向上，展翅欲鸣，足
下践蛇，蛇也半体竖立，作向前游动姿势，虽无痛苦挣扎的表示，

11　刘彬徽：《楚国彩绘木雕屏小考》，《江汉考古》1980 年第 2 期。

12　此种双凤虎鼓复原图像，可参考袁荃猷：《关于信阳楚墓虎座鼓的复原问题》，《文物》1963 年第 2 期。

13　殷涤非：《关于寿县楚器》，《考古通讯》1955 年第 2 期。

但也是已为鱼鹰所降伏的形象（图五）[14]；石寨山出土的一件铜杖首上也有鸟践蛇的装饰（图六）[15]。长沙子弹库出土人物御龙帛画，也表现了鸟与龙蛇的关系。只是可能表示风水顺调，行旅迅速与平安，并无互相斗争之意（图七）。

从以上的这些发现来看，鸟蛇相斗题材中，鸟与蛇的形象都是多样化的。鸟类有鹤、鹰、鱼鹰等现实生活中可以看到的鸟类，也有凤凰这种想象中的神话动物——那种头有华冠，尾飘长羽的鸟类，可能属于这种类型。至于蛇类，一般都形体细小，形态简单，无法分辨属种，但大多头部做三角形，可能表现的是毒蛇。有的蛇类则明显属于神话动物，如寿县出土的铜鹰，双足所践的是一首双身的龙蛇，根据《山海经·北山经》可称之为"肥遗"，或根据《管子·水地》可称之为"蟡"，这种龙蛇在商周青铜器纹样中是很常见的；夔的形象，在这种鸟蛇斗争题材中，也有发现（见本文图二，7、10）。

在自然界的生存竞争中，鸟类与蛇类彼此互相制约，有的鸟类固然食蛇，然而蛇也是能食鸟的。但在战国艺术品中，对于鸟蛇斗争的处理，都是鸟类大而蛇类小。鸟类意气风发，直前奋击，而蛇类则始终居于被动地位，蜷伏挣扎，鸟类的形象无不着力刻画，造型优美，姿态生动，蛇类则寥寥数笔，简单示意而已。创作的意图在于表现鸟胜蛇败，单方面进行压制，那是非常明确的。

14　陈丽琼、马德娴：《云南晋宁石寨山古墓群清理初记》，《文物参考资料》1957年第4期。
15　云南省博物馆编：《云南晋宁石寨山古墓群发掘报告》，文物出版社，1959，图版90-6。

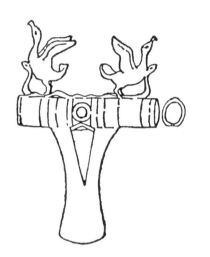

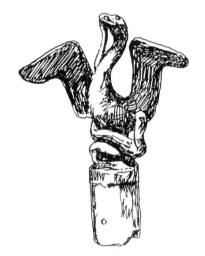

图五　云南晋宁石寨山出土青铜有銎铜钺　　　　　图六　云南晋宁石寨山出土鸟蛇铜杖首

图七　长沙子弹库出土人物御龙帛画局部

战国艺术品大量地采用鸟蛇相斗题材，说明这种题材可能具有某种特定的含义，主要是宗教崇拜方面的含义，这是因为：在青铜器画像上，这已定型为装饰纹样，一再反复地加以运用，并常与羽人之类神怪组合在一起；在楚文化中，则塑作较大型的装饰品，放在墓中，用于辟邪厌胜；另外，鸟类所衔所践的，一般蛇类而外，还有神话动物，问题就更清楚了。

　　关于最后这点，还须再作一些说明。鸟蛇相斗题材中的神话动物，无论是属于鸟类的还是属于蛇类的，在商周时期都是各自独立的，"铸鼎象物"地装饰在青铜彝器之上，也不见有两种动物互相斗争制克的现象。到了战国时期，为什么蛇类神话动物却轻易地被践踏在凤鸟以至普通鸟类（鹤、鹰、鱼鹰等）的脚下，而走投无路了呢？这应是中国古代神话学上的一个很有趣的课题，值得重视。也许说明，事物总在变化之中，宗教神话也是这样，善灵与恶灵，神圣与平凡，敬畏的心理与厌恶的情绪，随着时间的推移，也无不向对立方面转化的可能。上述情况的发生，自然也暗示着时代的进步与思想的解放，尽管鸟蛇相斗的艺术题材，仍然属于宗教神话的范畴，但对于此前的、更为原始、落后的思想传统与愚昧迷信来说，敢于加以否定与舍弃，总是战国时期勇敢进取的时代精神的一种体现，是值得赞美的。

　　战国时期艺术品中的鸟蛇相斗题材，既然数量丰富，流传的地域广远，运用的范围也有一定的广泛性，我们再回过头来看人物龙凤帛画，考察其上的"龙"凤组合，无论从布局还是从造型、动态等方面，如与上面所引用的例证比较，显然有许多不约而同的地方，彼此都是有所轻重，有所抑扬的。换句话说，帛画所见，不应当是个例外，而应该也是当时鸟蛇相斗题材的一种表现形式，不过别处作为青铜彝器的装饰纹样，或作为彩绘木雕而出现，这里则移之于绘画艺术领域而已；别处是艺术品的创作者或所有者处身在作品之外，这里则是在为墓主作画，把祈祷者，像佛教艺术中的供养人那样，也送进了画面。总之，一般的鸟蛇相斗题材，为研究帛画所见"龙"凤组合提供了参考资料，而帛画的发现又丰富了这类题材的内容，加深了我们对此的认识。

四

鸟蛇相斗题材，可能具有特定的宗教神话含义，而这种含义究竟是什么，在古代文献中，却难见到明确的答复。

《韩非子·十过》篇记"昔者黄帝合鬼神于泰山"时的仪仗护卫盛况，曾有"虎狼在前，鬼神在后，腾（螣）蛇伏地，凤凰覆上"的描写[16]，这种"螣蛇伏地，凤凰覆上"，就是鸟蛇相斗的景象；《山海经·海内西经》记载，"开明西有凤凰、鸾鸟，皆戴蛇、践蛇，膺有赤蛇"，说得更是明白。但这些都只是绘画描写情景的介绍，而不能说明它们的含义何在。

16　《说文解字》："螣，神蛇也"，腾为误字。

鸟与蛇的被神化，史前便已开始了，商周时期青铜器装饰艺术所见，应是它的继承与发展。鸟类以鸥鹆与凤凰最为常见，但形态并不十分特殊；以蛇类为主的爬行动物，种类与形态就很复杂了，有龙（戴角的蛇）、夔（一足的蛇）、虹蚬（两头的蛇）、肥遗（一首两身的蛇）等。以后的发展中，鸥鹆的优越地位丧失了，被认为是不祥的鸟类，而凤凰则长期居于权威地位。神化了的蛇类，地位也在发生变化：夔被看作是"木石之怪"（如《国语·鲁语》）；虹蚬被看作是"妇人擅国"，后妃淫乱的象征（如历代史书中《五行志》所论）；从寿县青铜铸像与长沙帛画来看，肥遗与双足龙蛇，后来的命运也都不佳；淘汰的结果，只有龙延续下来，但也舍弃了蛇的形象，以蜥、鳄等四足爬行动物为范本，并且形象日益复杂，地位有所上升，被用作帝王权力的象征，水府的统治者，具有很大的权威。之所以发生上述变化，是由于鸟类与蛇类各自形态与习性特点，以及与人类的利害关系，予人的印象各自不同，形成的好恶观大有差异。 一般说来，鸟类予人以优美灵秀与善良的感觉，而蛇类相反，形态狞恶怪异，蛰居阴湿的地下，毒蛇还伤害人畜，最易招人厌恶，古今中外都较少例外[17]。

因此之故，我认为战国艺术品中的鸟蛇相斗的图像，既然已经定型了，一定表现的是正反两个方面的事物及其斗争，如吉与

---

17 蛇与鸟发展而来的龙与凤两种神话动物，在后来的发展中，在人民群众的思想感情中，对龙敬畏疏远，对凤喜爱亲近，仍是这种不同的动物爱恶观的余响，沈从文在《龙凤艺术》一文中（沈从文：《龙凤艺术》，作家出版社，1960，第66—73 页）对此有详细的论述。

凶、福与祸、善与恶、生与死之类对立统一的自然现象与社会现象，而鸟类代表前者，蛇类代表后者，从艺术表现看，肯定是前者战胜后者，因而鸟蛇相斗题材的图像与雕塑具有辟邪厌胜的共同目的，大约是没有疑问的。由于鸟蛇的种类与形象多样化，青铜器皿应是生前日常用品，而木雕与帛画则是为死葬而设置的明器，至于具体的含义，可能较难确定，或者是依不同的场合与不同的遭遇，而提出不同的希望与要求，只能就有限的范围，做一些间接的推论。

第一，蛇在中国古代往往象征事故与灾难，鸟蛇相斗的题材，可能反映人们祈求健康、长寿、平安、顺利的愿望。

《说文解字》："它，虫（虺）也。从虫而长，象冤曲垂尾形。上古草居，患它，故相问'无它乎'？凡它之属皆从它。蛇，它或从虫。""上古"是否如此"相问"，无从证明。从战国时期起，如《战国策·齐策四》所见，彼此则以"无恙"互相致意，恙有忧、病二义，"无它"不能专指蛇类，可能与"无恙"是同义语。《说文解字》如此云云，至少可以证明战国时期，是以蛇类象征灾难的，实际上，它之遭到厌恶，可能还要早些。例如《诗经·小雅·正月》悲叹宗周覆灭，"哀今之人，胡为虺蜴"，春秋晚期，楚人比喻"吴为封豕、长蛇"（《左传·定公四年》），吴人认为越国应及早抑制，引用"为虺弗摧，为蛇将若何"的话，可能是古代的谚语（《国语·吴语》）。春秋时发生了几次"蛇斗"的事件，都被当作大事看待，这当然与北方气候与自然条件变化有关，蛇类减少，容易少见多怪，但，也由于蛇类传统地被看作是不祥之物，因此便往往与政治事变联系起来。蛇既是灾祸的象征，而某些鸟类又是蛇类的天敌，艺术品中表现鸟蛇相斗，希望即使灾祸发生，像蛇类出现后，自有鸟类主动出来把它消灭，人事中的逢凶化吉，道理也应一样。

北方画像青铜器上，此类鸟蛇相斗题材，往往与田猎、战争等风俗画相配合，可能含有祈祷这些活动中生命安全的用意在内。至于南方，由于蛇多，活动频繁，与人们的生活关系密切，因此以鸟蛇相斗题材作为辟邪厌胜之物。

第二，战国秦汉时期丧葬思想，一方面认为"魂气归于天"，"若魂气则无不之也"，以及后来受燕齐方士的影响，向往"升天""成仙"，永远超脱尘世；另一方面，又认为"形魄归于地"，"骨肉复归于土"（《礼记·郊特牲》与《礼记·檀弓》下），无不极尽奢华地进行厚葬，谁也不愿"死欲速朽"，甚至想死而"不朽"，在地下继续享有在人间已经获有的财富与权势。表现在丧葬制度与思想上的这种矛盾现象，正是统治阶级卑鄙自私的一种反映。但灵魂飞升，只是一种渺茫的希望，一个不可捉摸的遥远目标，而经营地下宫室，继续享受生前的荣华富贵，似乎又是切实可行，必须全力以赴的头等要事。为此，统治阶级的丧葬，除了防水、防盗等具体措施之外，也非常关心防范实际不存在而他们确信必有的神鬼祸祟，鸟蛇相斗题材之类厌胜之物的存在，可能与此有关。

中国古代认为地下也是神鬼聚居的危险地带，为了保护死者阴世生活的安全，因而商周墓葬有腰坑埋犬的习俗，《周礼》有"方相氏黄金四目"，由巫者执戈驱鬼的记载，并且考古发掘证明这种仪式在西周时期确乎存在过[18]，战国秦汉时期的统治阶级当然也不可能不重视这个问题。地下情景的可怕，《楚辞·招魂》对此做了具体的描写：

> 魂兮归来，君无下此幽都些！土伯九约，其角觺觺些！敦脄血拇，逐人駓駓些！参目虎首，其身若牛些！此皆甘人，归来归来，恐自遗灾些！

《楚辞·招魂》对于幽灵提出警告是很必要的。根据朱熹《楚辞集注》的解释，"土伯九约，其角觺觺些"的"约，屈也。觺觺，角利貌。其身九屈，有角触害人也"。土伯的形象，还未得考古学上的证明[19]。如果朱释可信的话，这位地府主宰者的尊容，不俨然就是商周青铜器纹样中的那种带角龙蛇的形象吗？由于蛇类出入地下，在古代与原始民族的宗教崇拜中，以蛇象征土地与繁殖能力，并具有地府阴间的性质，几乎已是世界通例[20]，中国古代的地祇具有龙蛇的形象，应是可能的事情。另外，蛇虺出入地下，又传统地被看作是各种灾难的象征物，就棺椁的防湿，尸体的防

18　郭宝钧：《浚县辛村古残墓之清理》，《田野考古报告》第1册，商务印书馆，1936，第167—200页。
19　孙作云：《马王堆一号汉墓漆棺画考释》，《考古》1973年第4期。他认为戴鹿角的彩绘镇墓兽即《楚辞·招魂》所说的土伯。
20　冯汉骥：《云南晋宁石寨山出土铜器研究——若干主要人物活动图像试释》，《考古》1963年第6期，论出土铜器上所塑群蛇无关图腾崇拜部分。

腐着想，出入地下的蛇虺，自然也要严加防治、鸟蛇相斗，蛇受制于鸟，以象征祛除地下的祸患灾害，用以制作镇墓之物，从事理推测，也应是可能的事。

第三，蛇类不在水中生活，然而也能游泳，却又不是两栖动物，但古人观察不精，于是把它看作是"水物"[21]，用作水的象征；古代以鸟类的飞行表示风的存在，在甲骨文中，凤与风便是一个字，鸟蛇相斗，可能含有风能御水的思想在内。

鸟能制蛇，鸟蛇相斗表示对水的控制，《淮南子·说林训》："鸟有沸波者，河伯为之不潮，畏其诚也。"高诱注："鸟，大鹏也，翱翔水上，扇鱼令出沸波，攫而食之，故河伯深藏于渊，畏其精诚。"古人想象河伯的形象是龙、蛇、大鱼，鸟与河伯的斗争，实际就是鸟蛇的斗争[22]。又，《淮南子·本经训》记"龙舟鹢首，浮吹以娱"，高诱注，"龙舟，大舟也，刻为龙文以为饰也。鹢，大鸟也，画其像著船头，故曰鹢首"，也应是鸟蛇相斗的一种表现形式。龙舟的起源，起初与南方某些部落的龙蛇图腾崇拜有关[23]，后来则可能取譬于龙蛇之在水，求其行驶的快速。但水中航行，时有波涛为害，鹢是一种敢于逆风而行的水鸟——《左传·僖公十六年》特记"六鹢退飞，过宋都"，杜预注："鹢，

21　《左传·昭公二十九年》论"龙，水物也"，及古代豢龙氏、御龙氏等官氏甚详。

22　羿射河伯事，见于《楚辞·天问》，王逸注。"河伯化为白龙"，《淮南子·本经训》"断修蛇于洞庭"，应即指此。秦始皇问海神形状，"占梦博士"认为"水神不可见，以大鱼蛟龙为候"（《史记·秦始皇本纪》），水神也可包括河伯在内。

23　闻一多：《端午考》，载《神话与诗》，古籍出版社，1956，第236—238页。

水鸟。"《左传》说："风也"。画鹢形于龙舟之首，象征风能御水，用以祈求航行的快速安全。《晋书·王濬传》所记"濬乃作大船连舫，……画鹢首怪兽于船首，以惧江神"，是风能御水的最明确的说明。

鸟蛇相斗当然还可能具有别的多种的含义，联系古代文献记载，目前只看到上述的几个方面，其他的尚有待做进一步的推寻。

五

宗教神话中的变幻，不管怎样的奇突难测与光怪陆离，但多少总是有些现实生活的根据，何况像鸟蛇相斗这样简单质朴的表现形式？这种题材之所以产生及其传播，估计是应有特定的条件与时代的限制，而不是漫无边际。一般说来，大凡有蛇鸟共生的地区，都有可能发现彼此相斗的现象。但严格说来，总还是南方炎热潮湿的地方，才会经常见到，只有经常见到，才能予人以深刻印象，启发文学艺术方面的创作灵感。

由于气候的关系，限制了蛇类的活动，因此鸟蛇相斗现象，不仅北方草原、林带中少见，就是春秋战国时期的中原，也很不容易看到。当然，在此之前，中原地区的气候也曾比较温暖湿润，蛇类的活动比较活跃，例如夏后氏便以龙蛇作为氏族图腾，中国古代还曾有过专门养龙（蛇）的豢龙氏、专门祭龙（蛇）的御龙氏之类的官氏；但西周以后，气候变得较之前干燥寒冷，蛇类及其活动也就逐渐少起来。《庄子·列御寇》里有个挖苦笨人的故事说，北方有个叫朱泙漫的人，"学屠龙于支离益，单千金之家，三年技成，而无所用其巧"，因为北方已无龙（蛇）可屠，吃蛇的习惯早已没有了。《左传》曾特记郑国蛇斗与鲁国的蛇虫，《韩非子·说林上》也有大小蛇相负而行，被人看作是"神君"，不敢伤害的故事，大约都是因为少见所以才会多怪，在当时的南方，这类事情如果也要书之史册，那恐怕就不胜其烦了。

因此之故，我认为鸟蛇相斗题材的分布地区虽然广远，但北方青铜器画像所见，应是受南方的影响，而不会是北方本地的产物。至于南方，云南一带，在自然环境、生物群体等方面，虽然也具备鸟蛇相斗能够经常出现的条件，也有重鸟轻蛇的习俗等[24]，但这方面的文物非常稀少，而且时代也较晚，不像是这类题材发生的中心区域所具有的现象。而地处长江中游的楚国地区，虽然发现的有关艺术品，数量也不太多，但都是大型的与精致的作品，表现十分突出，因此可以设想，在此之北之南的发现，都可能是受楚文化影响的结果，如将彼此对比，主次轻重的区分，应该说是很清楚的。

由鸟蛇相斗题材及有关问题的探索，可以联想到，过去由于

24　林声：《试释云南晋宁石寨山出土铜片上的图画文字》，《文物》1964 年第 5 期。此文谈到"在铜器上常见孔雀的形象，而在一件贮（贮）贝器（M12：26）盖上的祭祀场面中还能看出当时人们用蛇来喂养孔雀的情景。这说明滇人对孔雀当有一种特殊的信仰，今天傣族就是视孔雀为吉祥的象征的"，而古代滇族对于一般的蛇类也是憎恶的。

资料的局限，在战国青铜器画像的研究上，人们过多地强调了来自北方草原，以至更为遥远地区，如斯基泰（Scythia）文化的影响，对于与中原地区在政治、军事、社会、经济、文化多方面联系密切、交往频繁的南方地区的影响，不仅重视不足，甚至是未曾考虑，这显然是个偏差，而不必讳言。鸟蛇相斗题材屡屡见于北方青铜器画像之上，而又居于不甚重要的陪衬地位，应该说是楚文化因素影响于北方的重要证据；此外，又如画像中的舟战题材，肯定不是北方地区日常生活所能见，而这种舟战最初可能用之吴楚之间，后来也行之吴越之间（详见《左传》《越绝书》等），题材来自南方，而为北方所喜爱，例证更是明显。我对楚文化之与中原地区的相互关系，未做考古学方面的研究，估计如果认真探索，北方的考古文物中的南方因素一定是很多的，现在只举上述两个例子，说明过去研究方法上的舍近求远，必然导致主次、轻重关系处理的不当，因而也是不符合社会历史发展的实际情况的。随着南方地区考古事业的发展，资料的日益丰富，这种研究偏向，现在应该而且也有条件加以纠正了。

原载《湖南考古辑刊（第一辑）》，岳麓书社，1982 年

《考工记·梓人为筍虡》篇
今译及所见雕刻装饰理论

      先秦文献中，有关古代造型艺术方面的记载是很贫乏的，绘画与雕刻两相比较，又是绘画方面的稍多，而雕刻方面的甚少。《考工记》是战国时期记录古代工艺技术的一部专书，其中也涉及造型艺术，保存了一定数量的绘画、雕刻资料。就绘画说，如论"画缋之事"，介绍服饰的色彩与纹样的种类，以及彼此间的配合关系；"钟氏染羽"说明当时染色工艺已相当的进步。这些虽然都属于工艺美术的范围，但对于古代绘画艺术的研究，都有重要的参考价值，并为众所周知。至于雕刻，《考工记》里也保存有很珍贵的资料，那便是《梓人为筍虡》篇所论动物雕刻装饰技法部分。这部分的论述，非常系统而且富于理论性，但长期以来却不为人所注意，人们常常引用来论述筍虡的形状与结构，而不及于其在中国古代美术史的重要地位，这是不无遗憾的事情。

现在将《梓人为筍虡》篇原文译录出来，然后主要依照东汉经师郑玄的《周礼注》与清代学者孙诒让的《周礼正义》所做解释，结合个人平日的一些体会，试译作现代语言，以便进行讨论。由于考古事业的发展，有关筍虡的资料日益增多，旧日的解释已经难于概括，必须结合另外的些文献，进行某些补充才较全面；再者，古代文字艰涩，形、音、义每多歧异，陷于烦琐考证，反而有碍于主要精神的领会，所以采取意译的办法，无关紧要的部分也就因之从简了。

［原文］

梓人为筍虡。

［译文］

制作"筍虡"，是"梓人"的职务之一。乐器支架的横梁叫作"筍"，支托它的直立柱座叫做"虡"，筍虡上常常要装饰以动物为题材的雕塑。

［原文］

天下之大兽五："脂者""膏者""裸者""羽者""鳞者"。

［译文］

世上的大动物可分作五个类别：①"脂者"——脂肪坚实的动物，如牛、羊；②"膏者"——脂肪松软的动物，如家猪；③"裸者"——浅毛的猛兽，如虎、豹、貔、螭等，其中也包括人类，人类中的健者、强者；④"羽者"——鸟类；⑤"鳞者"——龙蛇之类的"水物"[1]。

［原文］

宗庙之事，"脂者""膏者"以为牲；"裸者""羽者""鳞者"以为筍虡。

［译文］

天子诸侯的宗庙祭祀，"脂者""膏者"用作牺牲，不以之作为筍虡上的装饰题材；作为筍虡上的装饰题材，主要运用"裸者""羽者""鳞者"三类。

［原文］

外骨、内骨；却行、仄行、连行、纡行；以脰鸣者、以注鸣者、以旁鸣者、以翼鸣者、以股鸣者、以胸鸣者，谓之"小虫之属"，以为雕琢。

［译文］

至于一些具有不同形态、不同行动方式与鸣叫方式的小型动物，如蛙、鱼、龟、蟹、蛇、蜥、蝉、蚯蚓等，统谓之"小虫之属"[2]，虽然可以用作在彝器与玉器上雕琢，但也不是筍虡上所需要的装饰题材。

---

1 《大戴礼记·易本命》篇："有鳞之虫三百六十，而蛟龙为之长。"中国古代传说中的蛟龙，最初就是神话化了的爬行动物，《左传·昭公二十九年》："龙，水物也。"又，《左传·襄公二十一年》："深山大泽，实生龙蛇。"所以此处译文采用较早的一些词汇。

2 据郑玄注，"小虫之属"可有十二种，即龟、鳖、蟥衍（蚯蚓）、蟹、鱼、蛇、蛙、精列（蟋蟀）、蜩蜋（蝉）、发皇（金钟子）、蚣蝑（蝗之一种）、荣原（即蝶蝘，应指蜥蜴）。其中大多是传统的题材，见于商周铜器、玉器，但蟹与几种昆虫却从未有发现。

［原文］

厚唇弇口，出目短耳，大胸燿后，大体短脰，若是者谓之"裸属"，恒有力而不能走，其声大而宏。

［译文］

"裸者"之属的特点是：厚唇弇口，突目短耳，胸围粗壮而腹部收缩，体型虽大而颈部则短。它们大都是威猛有力，但不善于奔驰，它们的声音雄强而洪亮。

［原文］

"有力而不能走"，则于任重宜，"大声而宏"，则于钟宜，若是者以为钟虡，是故击其所县而由其虡鸣。

［译文］

把"裸属"题材用于笋虡的装饰，就要善于利用这些特点。由于它们"威猛有力，但不善于奔驰"，"声音雄强而洪亮"，因而宜于任重，宜于用作钟虡。击钟奏乐的时候，钟虡的"裸属"形象便使人产生联想，好像它们也一起在共鸣了。

［原文］

锐喙决吻，数目顾脰，小体骞腹，若是者谓之"羽属"，恒无力而轻，其声清阳而远闻。

［译文］

"羽者"之属的特点是：尖喙宽吻，细目长颈，小身曲腹，它们大都是轻巧而无力，声音清脆而嘹亮。

［原文］

"无力而轻"，则于任轻宜，"其声清阳而远闻"，于磬宜，若是者以为磬虡，是故击其所悬而由其虡鸣。

［译文］

把"羽属"用作筍虡的装饰，就要善于利用这些特点。由于它们"轻巧而无力"，"声音清脆而嘹亮"，因而宜于任轻，宜于用作磬虡。击磬奏乐的时候，磬虡的"羽属"形象便使人产生联想，好像它们也一起共鸣了。

［原文］

小首而长，抟身而鸿，若是者谓之"鳞属"，以为筍。

［译文］

"鳞属"的特点是：头小而长，身体修长而圆浑，因此之故，宜于用作筍，悬钟或磬。

［原文］

凡攫杀援噬之类，必深其爪，出其目，作其鳞之而。

［译文］

举凡处理猛禽、猛兽、龙蛇之类凶恶鸷野的动物造型时，一定要把爪部雕刻得蜷曲深刻，使之含蓄有力，眼睛突出有神，毛、羽、鳞甲清晰而生动。

［原文］

"深其爪，出其目，作其鳞之而"，则于视必拨尔而怒；苟拨尔而怒，则于任重宜，且其匪色必似鸣矣。

爪部雕刻得蜷曲深刻，使之含蓄有力，眼睛突出有神，毛、羽、鳞甲清晰生动，然后才产生一种搏斗的印象，才能使人产生抗举重量与奔走奋鸣的感觉。

〔原文〕

爪不深，目不出，鳞之而不作，则必颓尔如委矣；苟颓尔如委，则加任焉，则必如将废措，其匪色必似不鸣矣。

〔译文〕

如果爪不蜷曲深刻，目不突出，毛、羽、鳞甲不清晰生动，形象必然萎靡不振；如果形象萎靡不振，使之承担重量，必然予人以不胜其任的感觉。因此，其形象也必然没有使人产生奔走奋鸣的感觉与引人联想的可能了。

根据《梓人为筍虡》篇的这段记载来看，其内容所讲的不是如何制作筍虡，而是如何装饰筍虡的问题，完全是一篇论述古代装饰艺术、雕刻艺术问题的理论文字，这是前所不见的。商周以来，以青铜器为主体的古代装饰艺术，无论从文献记载，还是从出土遗物来做考察，古代宗教崇拜的气息十分浓厚。到了春秋战国时期，奴隶制时代的陈旧思想，渐渐失去了它的控制力量，《梓人为筍虡》篇这样纯粹从审美角度来论述器物装饰的运用问题，正是这个百家争鸣、思想解放的时代精神的体现，意义很不寻常。

考古资料日益丰富起来，证明这段记载的真实性是绝对没有疑问的——这类以动物形象为装饰的筍虡，见于青铜器、漆器上的画像，而且完好地保存于古代墓葬之中的钟虡、磬虡也相继出土，形式与结构复杂多样，既为研究工作提供了便利，同时也提出了一些问题，有待解决。

现在先介绍青铜器画像所见，主要是北方所见。

20 世纪 30 年代中叶，河南辉县战国晚期墓葬中，出土一件刻纹铜奁，铜奁下部有一歌舞奏乐场面——上面两人长袖起舞，在他们的左方一人在吹笙，下面是一组乐工在伴奏；左方也有一人吹笙，第二个人双手执枹立于建鼓与镈于之前，鼓右是一架钟虡，由于器物残破，钟虡只余左端部分，中部与右端已经不存，但大体的形象还是可以恢复的。钟虡作猛兽之形，张吻举尾，作意欲搏噬之状；筍部作绚索形，端部有两划，可能表示龙蛇的头部或口部，筍上所悬之钟还残存两具（实际应不止此数）[3]。这个图像很重要，正是"裸属……则于任重宜……则于钟宜"的绝好写照（图一，3）。

故宫博物院所藏"宴乐铜壶"，其上镂刻有采桑、弋射、水战、竞射、宴乐等多种题材的画面，风格与豫北出土物相近，也应是北方的出土物。在宴乐图像中，堂上宾主送迎酬酢，堂下描绘奏乐与庖厨之事，庖厨位于画面右下角，很不重要，而奏乐的场面则十分雄伟——在一个巨大的筍虡下面，六个乐工正在撞钟击磬

3　郭宝钧：《山彪镇与琉璃阁》，科学出版社，1959，第 65 页，图 29。

与演奏其他的乐器(图一，1)。这个巨大的笱虡的笱部，正是以"鳞属"的蛟龙为饰，上面悬钟与磬，虡部以"羽属"为饰，左右各有一鸟[4]。由于笱上所悬，钟磬兼而有之，因而与《考工记》记载小有出入，而与地下发现不合，因为钟磬确实是分笱成组悬挂的，如今两者混合，而且其上钟四磬五，都不符合制度，之所以如此，创作的目的似乎在于节约画面，并使奏乐场面更为集中，气氛更为热烈，但从这幅简单图像所勾勒出的动物图像来看，都是突目张喙，而虡部双鸟更是挺胸、鼓翅、举足，确也含有"拨尔而怒"、作奔走奋鸣的意味，这与《梓人为笱虡》篇所反复强调的造型方法与创作意图也是符合的。

其次，介绍漆绘与考古发掘所见笱虡，这些完全是南方的资料，湖北随县发现的战国初年曾侯乙墓出土物中，资料最为全备[5]。

此墓西椁室中出土一件鸳鸯形漆盒，其上的两幅小画都与笱虡之事有关：一幅画兽形鼓座建鼓，一人击鼓，一人长袖起舞(图一，4)；一幅画兽形虡座，两兽间架笱两根，将笱分为两层，上层悬双钟，下层悬双磬[6]。乐器分层悬挂，似是楚文化的特点。但此图钟磬合悬于一虡，而且数目各二，却不是实际情况，创作意图与"宴乐铜壶"（宴乐渔猎攻战纹图壶）应是一致的，都不过是艺术家所做的概括(图一，7)。

4　杨宗荣：《战国绘画资料》，中国古典艺术出版社，1957，图20。

5　详见随县擂鼓墩一号墓考古发掘队：《湖北随县曾侯乙墓发掘简报》，《文物》1979年第7期。

6　参看祝建华、汤池：《曾侯墓漆画初探》，《美术研究》1980年第2期，第82页，图14。

1. 故宫博物院藏宴乐渔猎攻战纹图壶局部图像
2. 上海博物馆藏宴乐画像杯局部图像
3.6. 辉县刻纹铜奁局部图像
4.7. 曾侯乙墓出土鸳鸯形漆盒全形及局部图像
5. 成都百花潭 10 号墓出土铜壶局部图像

图一　战国绘画所见笱虡图像

更重要的是，就在这座墓里都有实物发现，既有磬虡，也有钟虡，而且保存情况异常良好。

编磬 32 件，分作两层悬挂在一件青铜铸造的筍虡之上。据发掘简报说："虡以两个长颈怪兽为座，筍则为两根满布错金花纹，两端作透雕龙形的圆杆。"[7] 所谓"长颈怪兽"，实际上应是一种以鸟为主体的、鸟兽合体的神话动物（同墓所出"鹿角立鹤"青铜雕像，便与之性质相同），有的学者认为这个磬虡所铸，就是一对"张翅欲飞的青铜大凤鸟"[8]，应是可信的。这座磬虡制作玲珑剔透，确如《考工记》所言，羽属"无力而轻，则于任轻宜，其声清阳而远闻，则于磬宜"（图二）。

曾侯乙墓出土的 64 件编钟与巨大的铜木结构的钟虡，更是震惊世界的重大发现。整个钟虡的结构作曲尺形，筍为四根长条方木嵌接而成，再在上面的一根上加"兀"字形支架，长边两具，短边一具，使整个钟虡可分为三层悬挂大小、种类、形制不同的钟、钅专。虡座由六个青铜铸作的佩剑武士组成（图三），每组两具，基本上彼此踵顶相接，分三组安置在虡之两端和虡架转折之处，很是别致。

用作钟虡的六具青铜武士铸像，身体作柱状伫立，虽然身着长服，但仍可看出胸背肌肉的发达，因而上举的双臂，显得孔武

7　同注5，第6页与图21。

8　马承源：《商周青铜器纹饰综述》，上海博物馆青铜器研究组编：《商周青铜器纹饰》，文物出版社，1984，第34页。本文插图三、插图四，采用湖北省博物馆、北京工艺美术研究所编：《战国曾侯乙墓出土文物图案选》（长江文艺出版社，1984）有关线图，见第32、33、38、39页。

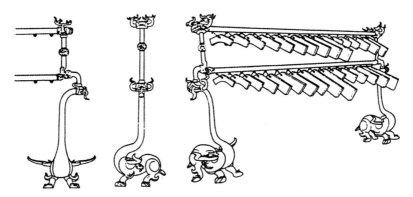

图二　湖北随县曾侯乙墓编磬及笋虡

1
2

1. 中层武士
2. 下层武士

图三　湖北随县曾侯乙墓钟虡

图四　传河南洛阳金村出土错金铜器座

有力，铸像下有青铜底座，上部以头部与双臂三处支撑着筍部横木，无论从力学的还是从美学的角度来做观察，都予人以稳固合理的感觉。事实证明，这样的架铜木结构的筍虡，确也承担了 5000 多斤重量的全部编钟，历时 2400 多年，屹立墓穴之中，直到出土时，依然完好无恙[9]。

这种青铜铸作的人物形象的钟虡，虽然在我国还是首次发现，但是我们对此并不感到陌生，因为古代艺术品与文献记载早已给予了我们一定的思想准备。

9　同注5，第4、5页，图17、18，图版1。

就时代来说，战国时期同性质的一些人物铸像，20世纪30年代在洛阳金村便发现过。这座大墓出土不少小型青铜人像，大多手有所执，可见以人物形象作为支座的风习，在战国时期已很流行了。其中一件残破的器座，铸的是一个力士形状的神怪，人面兽耳，双耳上耸，与发或冠一起与器底相接，胸肌非常发达，双臂粗壮，上托器底，腰部以下三足，既表明这是想象中的神物，也加强了基底的稳固。神物全身裸裸，布满花纹，并加金错，是一件难得的艺术珍品（图四）。这件作品未必就是钟虞，但是它那种以头部、双臂三个支点扛举重物的艺术构思，却与曾侯乙墓的钟虞铜人完全一致[10]。如果就地域而论，在南方，稍晚于此的同类形象，也见于长沙马王堆1号汉墓出土的帛画，画幅下部的力士可能是鲧，其也是以头部与上举的双臂来支托大地，更可想见彼此间可能存在着前后互相继承的关系。

以青铜铸作的人物形象的钟虞，早已见于记载。《史记·秦始皇本纪》："二十六年……收天下兵，聚之咸阳，销以为钟镤，金人十二，重各千石，置廷宫中。"由于记载简略，实物早已不存，后世往往把"钟镤金人"误分为二，而曾侯乙墓的这项发现，证明《史记》与西汉时期有关记载所说的，就是这种类型的钟筍虞[11]，只不过秦统一了中国，秦始皇有意识地将它加重加大，用以夸耀天下

---

10 见史岩编：《中国雕塑史图录》第1卷，上海人民美术出版社，1983，图135。此器流落国外，今藏美国堪萨斯城纳尔逊艺术博物馆。

11 张振新：《曾侯乙墓编钟的梁架结构与钟虞铜人》，《文物》1979年第7期。

罢了。

对比以上所介绍中原与江汉地区考古发现的有关各种资料，可以看出，这个时期中国南方与北方，在工艺技术与艺术风格方面，都有许多相似之处，《考工记·梓人为筍虡》篇的记载，具有很高的概括性。当然，南北之间也一定存在着某些地域性的差异，如在《考工记》中，制作筍虡是梓人的职务，而在楚文化中，不少筍虡固然也是木构的，但某些精品已在使用青铜铸造，或使用铜木结构了。另外，在中原地区还未发现以人物形象作为钟虡的迹象，可能这也是一种差异[12]。

前一个问题比较容易解决：中国南方盛产铜锡，楚国青铜原料充裕，史有明文，并且为考古发现所证实[13]；后一个问题则值得商榷，也许确实如此，也许是北方还未发现，因为洛阳金村大墓的发现已见到一些，一如上述。另外，"裸者""裸属"的裸字，含义很广泛，既包含"谓虎、豹、貔、螭，为兽浅毛者"（《考工记》郑玄注），也包含着人类，所谓"倮（裸）之虫三百六十，而圣人为之长"（《大戴礼记·易本命》）；"倮（裸）虫三百，人最为劣，爪牙皮毛，不足自卫，唯赖诈伪，迭相嚼啮"（晋人仲长敖《覈性赋》）；等等[14]。如果《梓人为筍虡》篇中的"裸者""裸

---

12 同注11。

13 如《左传》记鲁僖公十八年（公元前642年），"郑伯始朝于楚，楚子赐之金，既而悔之，与之盟曰：无以铸兵。故以铸三钟"。近年来湖北大冶铜绿山古代矿冶遗址的发现与发掘，都可以证明楚国青铜原料的充沛与冶铸业的发达。

14 《艺文类聚》卷二十一引。

属"，也是这种广义的，那么其所论述，就不为作者所在地区的见闻所局限，而是具有整个时代的特征了。

如果上述意见可以成立，还有一些问题需做进一步的解释，那就是这些明确属于猛兽之类的特征，如何对于人类也能适用，而不能仅因人类与兽类同属于哺乳类动物，而勉强牵合。在这个方面，我个人这样认为：《梓人为笋虡》篇既然所论在于装饰雕刻艺术，所用动物都是经过反复研究和选择过的，因而在使"裸属"中的人也用之于钟虡的装饰，就不能泛指抽象的、生物学意义上的人，而是从形象上可以属于"攫杀援噬"之类，在进行艺术概括与夸张时，可以"深其爪，出其目，作其鳞之而"，"于视必拨尔而怒"的人，那就只能是人类中的健者、强者，那些力能扛鼎、生搏猛兽的壮士，甚至是介于英雄与神、人物与动物之间的理想人物或神物，如上面所引用的例证那样。《考工记》说了不少"裸属"的特点，"大胸燿后"——胸围粗壮，而腹部收缩这一点是非常重要的，因为非此不能容纳特强的心、肺系统，以利搏斗驰逐。对于人类中的健者、强者，也是要燕颔虎颈，胸宽臂圆，才显得体态矫健，孔武有力。如果大腹便便，体形肥胖臃肿，即使健壮，也不使人感到健美[15]。优秀的绘画雕刻作品在处理人物与动物的造型和动作时，无不注意胸腹关系，《梓人为笋虡》篇特别指出这一特点，那是很正确的。

15　古代盛传楚灵王好细腰，武士们因此吃了许多苦头的故事，目的可能为此，只不过做得太过分了一些。此事《墨子·兼爱》篇、《韩非子·二柄》篇与《战国策·楚策一》都有记载。

根据文献记载，参照地下出土文物，我们可以看出古代的梓人在制作筍虡时，匠心独运，在以下的几个方面进行了惨淡经营。

　　首先，表现在体现实用与美观统一这一装饰艺术准则方面。古代工匠艺术家曾经详尽地研究了鸟兽虫鱼等各种大小动物的形态、习性、动作以及鸣声各方面的特点，并加以分类，然后再根据筍虡的结构与用途，选择了三种适用的动物题材：筍是悬挂成组乐器的横梁，龙蛇之类的"鳞属"，体态修长圆浑，正合此用；虡是两侧直立的柱座，是全部重量的主要承担者，必须宽厚稳重，所以采用"羽属""裸属"（鸟兽与人物）的形象为宜，但钟与磬大小轻重不同，因而装饰又有用兽、用人与用鸟之别，以求装饰与实用部分的互相结合并取得协调。

　　其次，表现在空间艺术和时间艺术关系的处理方面。古代工匠艺术家在进行装饰工作时，力求突出筍虡用途特点，注意实用与美观的统一之外，对于装饰所体现的形色之美，如何配合乐器演奏所体现的声音之美的问题，也做了一定的安排。他们注意动物形象的选择，使人引起负重之感而外，还兼顾到这些动物鸣声的特点，使之与古代乐器的性能两相照应：钟量重而声音洪大，所以钟虡作猛兽、力士之形，以钟声拟猛兽的咆哮、英雄的叱咤；磬量轻而声音清脆，所以磬筍虡作鸟类之形，以磬声拟鸟类的啭鸣，所谓"击其所悬而由其虡鸣"，便是企图使装饰效果与音乐形象起互相补充的作用，因此引起丰富的想象。

　　最后，表现在动物神情姿态的塑造方面。古代工匠艺术家不仅重视各不同种类的动物不同形貌特点的研究，而且进一步要求准确地表现出它们的神情姿态。在《梓人为笋虡》篇这样简短的文字里，作者不厌其烦地强调"必深其爪，出其目，作其鳞之而"的必要性，认为只有做到了这一点，才能使人产生"拨尔而怒"，准备搏斗的印象，给人以既有抗举重量又有奔走奋鸣的感觉，否则，"必颓尔如委矣"，"苟颓尔如委，则加任焉，则必如将废措，其匪色必似不鸣矣！"古代工匠艺术家在用雕刻装饰笋虡时，对于动物（包括人物）形象的处理，虽然仍如前代那样，基本上采取了静止的状态，但已致力于动物、人物内心活动的状写，寓动于静，以含蓄性的表情、暗示性的动作，唤起观众相应的想象，提高艺术思想的境界，以求取得更加完美的效果。

由于上述种种，《梓人为笋虡》篇在《考工记》中，成为一个独立的章节，受到人们的重视，显然不是偶然的。"梓人为笋虡"不仅是一项繁难的木工作业，而且是一项真正的艺术创作活动，这在《庄子·达生》篇中，也有很精彩的描述。《达生》篇有"梓庆削木为镰"一节，这里的"镰"字就是"虡"字，也就是"笋虡"的简称。战国秦汉时期曾以青铜铸造笋虡，因此"镰"字代替了"虡"字，演变的迹象是很明显的。不少注解《庄子》的人，都把"镰"字解释为"乐器也，似夹钟"（如王先谦的《庄子集解》），梓人为什么要削木为钟，显然是本末倒置了。现在把《达生》篇的这段文字也译作现代语言，以便和《考工记》互相参照。

［原文］

梓庆削木为镰，镰成，见者惊犹鬼神。

［译文］

春秋后期，鲁国的木工梓庆雕制筍虡¹⁶，完工之后，见到作品的人认为是鬼斧神工，不像人间的创作，都赞叹不已。

［原文］

鲁侯见而问焉，曰："子何术以为焉？"

［译文］

鲁侯见到以后，就问他是用什么方法才雕刻出来的。

［原文］

对曰："臣工人，何术之有？虽然，有一焉：臣将为镰，未尝敢以耗气也，必齐以静心。"

［译文］

梓庆回答说："我是个普通的工匠，还能有什么高深的道理可介绍的。尽管如此，自然心得体会还是多少有些可以谈谈。我在制作筍虡之前，丝毫不敢分散自己的精神，必须进行几天的斋戒，以便把自己的思想集中起来。"

［原文］

齐三日，而不敢怀庆赏爵禄；

［译文］

16　《左传》记载襄公四年，鲁国有匠庆，此人应即《庄子·达生》篇的梓庆。

斋戒三天之后，端正了创作的动机，克服了利赏爵禄的欲念；（忘利）

〔原文〕

齐五日，不敢怀非誉巧拙；

〔译文〕

到了第五天，荣辱、巧拙之类，患得患失的计较也祛除了；（忘名）

〔原文〕

齐七日，辄然忘吾有四枝形体也。

〔译文〕

到了第七天，竟然对于自己有无四肢形体也不知道了。（忘我）

〔原文〕

当是时也，无公朝，其巧专而外骨消。然后入山林，观天性，形躯至矣，然后成见镰，然后加手焉；不然则已。则"以天合天"。

〔译文〕

到这个时候，我已是旁若无人，不以公事为念，巧思专于心，外界扰乱心思的事都已消除干净。达到这种精神境界之后，我才进入山林，仔细观察自然，观察鸟兽虫鱼的生活习性与形象动态；等到胸有成竹了之后，这才开始运用斧凿。如果思想还未高度集中，酝酿还未完全成熟，我是绝对不肯动手的。如果真正做到了这样。就可以说是能够"以天合天"——顺应了自然，体现了自然了。

〔原文〕

器之所以疑神者，其是与？

　　我制作的筍虡，之所以能够如此传神，或许就是因为这样吧？

　　《庄子》一书中，还有许多通过描述名工巧匠的劳作来表达自己"专心致志""物我两忘"的哲学见解的优美故事，"梓庆削木为镶"只是其中的一个，当然也同样是做了很大的夸张的。但梓人之为筍虡，在当时人的心目中，不仅被看做是一种木工劳动，而且被看做是一种艰苦的艺术的创作，这也应是毫无疑问的。

　　《梓人为筍虡》篇的重要成就虽然有如上述，但是这种完全以动物与人物雕刻来装饰的方法，在当时似乎就未能普遍应用，在以后的年代里也未曾见到继续发展，正见这种方法还有很大的局限性，并未尽善尽美。例如在中原地区，青铜器上虽然屡见这类筍虡的图像，但辉县出土的战国晚期刻纹铜鉴上，编钟与编磬都没有特殊的支架（见本文图一，6），成都百花潭中学 10 号墓出土的画像铜壶，风格与中原出土铜鉴相近，筍虡同样只是一个柱式的简单支架（见本文图一，5），上海博物馆收藏的一件战国时期刻纹椭杯（出土地点不明，可能是南方产品），筍是一根横梁，筍虡嵌接处有一龙首，装饰也极简单（见本文图一，2）。河南南部、湖北、湖南的楚墓中，战国时期的木器、漆器出土最多，也最精美，但是钟虡、磬虡也不都是那么复杂的，最典型的例子是河南信阳长台关楚墓，曾出土双凤双虎座鼓那样的器物，但共同出土的一座完整的钟虡，它的形制和装饰却很简单，反而未曾以动物雕刻作为装饰[17]。之所以如此，估计不外以下三方面的原因。

第一，这种筍虡的装饰过于复杂与奢华，制作繁难，耗费的人力物力太多，倘若没有高手，不易普遍制作，如果勉强制作，也容易弄巧成拙。

第二，雕刻鸟、兽、人物作为支柱，大小尺寸一定要适度，否则不仅不能增加美感，反而还会产生相反的效果。例如故宫博物院所藏"宴乐铜壶"（宴乐渔猎攻战纹图壶）上的筍虡，如果确是写实之作，作为磬虡的鸟类形体高于奏乐者，就嫌过于高大肥重，虽说在承担重量方面可起一定的作用，然而因此缺乏真实感，在审美方面就受到了一定的妨碍。

第三，筍虡的功能（悬挂乐器以便利演奏）与有关的动物、人物装饰雕刻的作用（通过它们的造型与动态的塑造引起联想作用）之间，没有内在的必然联系。筍虡是乐器的附属物，而雕刻装饰又是这种附属物的附属，筍虡的制作主要求其便利演奏，装饰因素处于比较次要的地位；何况装饰方法又是可以多种多样的，不一定必须采取《梓人为筍虡》篇所说的那种方式或方法，这点可以说是那种以动物、人物雕刻为装饰的乐器支架之所以不能长期沿用的主要原因。另外，《考工记》所说的钟虡、磬虡，以及它所未曾介绍的鼓虡，都是打击乐器的支架，在中国乐器史的发展中，打击乐器曾居于主要地位，随着管弦乐的兴起，钟磬之类

17　河南省文化局文物工作队第一队：《我国考古史上的空前发现，信阳长台关发掘一座战国大墓》，《文物参考资料》1957 年第 9 期；钟虡复原图像详见此刊该年第 7 期封面。

古老乐器退居次要的，甚至微不足道的地位，附属于它们的筍虡雕刻艺术的衰落也是势所必然的了。

总上所言，《考工记·梓人为筍虡》是一篇论述装饰与雕刻问题的理论文字，结合《庄子·达生》篇"梓庆削木为鐻"及有关论述，可以看出，我国古代装饰与雕刻两种艺术密切结合的历史传统，在新的历史条件下，又有了新的发展。随着战国时期社会经济的发展，工匠的社会地位与文化水平都提高了，技巧也更加专精，长期积累起来的经验，现在总结成为理论，用以指导工作；在题材内容方面，宗教神话的色彩更加淡薄，纯粹以观赏为目的的创作有了一定的发展，这些都反映出了这个历史阶段的文化发展与思想解放的时代特点。虽然这篇文字论述的范围比较狭窄，只限于木雕艺术与筍虡的装饰（而且鼓虡未包括在内），但所揭示的装饰法却带有普遍的意义，对于后代仍不失为一项重要文化遗产。我们从汉代以迄南北朝、隋唐诸时期的陵墓石刻上，仍然可以看到属"深其爪，出其目""拨尔而怒"的庄严威武形象，追本求源，未必不是《梓人为筍虡》理论的应用与发展、中国古老的艺术传统的延续。因此之故，这篇文字在中国美术史上的地位，应该说是很重要的。

原载《美术研究》1985 年第 2 期，
原题为《〈考工记·梓人为筍虡〉篇今译及所见雕塑装饰艺术理论》

附 录

中国艺术史（讲稿）

·刘敦愿

　　中国是个以汉族为主的多民族国家，地域广大，文化悠久而且从未中断。中国的文化艺术也和世界其他国家民族的一样，既有共同的发展规律，又有着自己独有的特点和民族风格。

　　中国的历史虽然非常悠久，文献记载也相当丰富，但古代的艺术品大多被毁灭掉了。以绘画而论，传世的中世纪的卷轴画数量便已是寥寥无几，更不要说以前的了，建筑、雕刻、装饰艺术也大体如此。本世纪以来，由于现代考古学在中国的兴起，尤其是解放以后考古学的发展，为中国古代艺术史的研究，提供了无比丰富的资料，开拓了无限广阔的前途，这些都是从前所不能想象的。

　　对于地下地上古代艺术品的研究，有助于我们对于中国艺术的起源及其整个的发展过程以及民族风格的形成等问题的探索；

中国艺术史

刘汝醴

山东大学

志国同志指正

作者 敬

但最终的目的还是发展中国现代的艺术，使中国艺术家继续发扬优秀的历史传统，既从文化艺术遗产中，也从外来的影响中，吸取有益的营养，充分发挥专业的和民间的艺术家们的智慧和才能，为把中国社会主义的文化艺术推进到一个更高的新的阶段而继续奋斗。为此，这个专题报告准备先从考古资料谈起，而最后归结为对于中国现代艺术的评价。

一、历史的回顾

中国最早的艺术品发现的还极少。尽管中国旧石器时代早期的、中期的发现，新石器时代的发现，就世界范围来说，都是丰富的，但是从旧石器时代晚期到新石器时代的产生，这个阶段在中国考古学上还是个薄弱的环节，还有待于我们继续作艰苦的努力。

中国还没有发现像法国、西班牙史前洞穴壁画这样的遗迹，但在属于旧石器时代晚期的北京山顶洞人文化中已发现了成组的装饰品——用骨管穿孔的兽牙、贝壳和砾石制作的项链，以及磨制光洁匀细的骨针。这说明审美观念已经产生，具备进行种种艺术创作的能力，在时代上是和其他民族相同的。

中国新石器时代的遗址众多，发现的遗物非常丰富。这个时代的艺术主要表现在陶器方面，这是因为陶器在当时是人们最重要的生活用品，而陶土易于塑造，便于在上面进行绘画、镂刻，同时烧成之后，又不会腐朽。目前所知，中国较早的陶器，技术很原始，装饰很简单。到公元前第五、第四个千年的时候，黄河上中游地区彩陶艺术兴起了，陶器形制复杂、色彩灿烂、装饰纹样精美多样，受到全世界的重视。许多标本已流落世界各大博物馆中。近些年来，黄河下游和长江中游也发现了彩陶艺术，各具特点。这些陶器不仅是装饰艺术方面的杰作，绘制在其上的动物、人物图像、图画文字（pictographic writing），陶质小型雕刻和塑作动物形象的器皿等史前艺术品，也借此得以传留下来。

到了公元前第三个、第二个千年的时候，中国进入了新石器时代晚期和金石并用时期。随着陶器轮制技术的改进和普及，烧造技术相应的发展，彩陶艺术衰落了，陶器艺术又恢复到颜色单纯、不加彩饰的境界，不过这是新的历史条件、技术条件下，史前审美观念在更高基础上的一种转变。陶器以灰色、黑色为主，器形制作灵巧、结构复杂、使用便利，装饰结合工艺过程进行，纹样单纯含蓄、风格淡雅。这一倾向在东方沿海地区更为明显，而我们山东地区龙山文化中的各种精美的黑色陶器，更是这种风格最光辉的代表。不过，这个时期已处在文明诞生的前夕，社会生活和文化艺术也都复杂化了，人们的注意力不再专注在陶器这一狭窄的领域之内了。

中国黄河中下游地区也和古埃及、两河流域、印度河流域一样，是在青铜时代进入文明时代的。这个时期相当于历史记载上的夏、商、周三个奴隶制帝国更代的时期，还包括分裂为许多对立国家的春秋时期。这个阶段的考古发现时代序列非常系统，遗物相当丰富。这个时期的以青铜器为主体的装饰艺术最为发达，资料既十分丰富，成就也非常突出，在世界文化史上自成一个独立的体系，并给予同时代的其他艺术门类——如绘画、雕塑、书法，以及玉雕、木雕、刻纹白陶等——以种种影响。

中国古代建筑以土木结构为特点，除了基址以外，全部毁灭掉了。因此附着于其上的壁画艺术自然也无法保存下来了。

雕塑艺术品的异常稀少，是这个时期的一个突出特点。在这千余年的漫长时间内，除了在商代晚期都城殷墟（在今河南安阳），发现过一些小型的白石雕刻的人物、动物之外，其他多是一些以动物题材为主，并且与装饰艺术相结合的小型作品，如鸟尊和兽尊等。雕塑作品之所以稀少，既不是因为中国古代艺术家缺乏这方面的才能，也不是因为考古发掘工作的不足，而可能是和中国古代宗教崇拜不使用神像，天子诸侯也不制作纪念像之事有关。

战国时期青铜器装饰艺术继续有所发展，制作非常精巧，装饰华美。这不过是这种古老艺术的回光返照，此后就衰歇了下来。小型的帛画，装饰在铜器上、漆器上的风俗画和神话题材描写，数量虽少，但技巧很高，但也可推见绘画艺术在这时有了很大的发展。秦代结束了春秋和战国五百余年的纷争局面，统一了中国。这个王朝的时代虽短，但在建筑绘画、雕塑等方面都有巨大变革和发展，集中建造各国的宫殿于国都咸阳（今陕西咸阳），彩色壁画残迹已有发现。而临潼县秦始皇陵墓兵马俑坑出土的数以千计的、等身大小的陶塑人物和车马，更是中国雕塑艺术中的杰作，引起全世界的震惊，改变了人们仅仅依靠简略的文献记载所形成的模糊印象。

汉代是统一的封建集权国家巩固和发展的阶段。建筑只见于文献和绘画的描述，以及少量石质的小型祠堂和门阙（中国古代的木构建筑从唐代开始才有完整地保存下来）；而绘画和雕塑在深度和广度上都有很大的进展，风格的雄伟古朴、气魄宏大，都是前所不见的。

汉代的宫室雕塑都已不存，只在陕西兴平县西汉名将霍去病墓还可见到保存于地表的一组大型雕塑，其带有浓厚的原始的、粗犷的气息，具有独特的民族风格。此外各地还出土了一些装饰性的石狮——狮子是外来的动物，但石狮的风格却是中国的。汉代的小型陶塑，即随葬用的人物、动物陶俑，其造型准确，人物表情的塑造有的非常精彩（如四川出土的说唱俑）。

汉代的雕刻和绘画两种艺术相比较，后者应用的广泛和技术的精湛，都不是前者所能比拟的。西汉时期的绘画只发现了一些帛画和工艺品上的镶嵌等小型作品，这已体现出当时的绘画艺术达到了很高的水平。实际上，西汉时期的壁画艺术是很盛行的。除了用作装饰之外，历史故事题材用于教育目的，大型的人物群像还是一种纪念和表扬功臣的重要手段，可惜有关遗迹一处也没有能够保存下来。幸运的是，这种风气到了东汉时期普及到了下层，除了一些官吏坟墓的彩色壁画外，民间还留下了大量祠堂和坟墓中刻在石头上的壁画，即具有中国特色的"画像石艺术"。少量作品近于西方的浮雕，大部分都是线刻的，以社会风俗、神话和历史故事为题材的绘画，内容非常丰富，技巧相当卓越。

魏晋以下，是南北朝的分裂和对峙，作为政治、经济、文化中心的黄河流域，遭到战争的重大破坏，类似罗马帝国崩溃后的情况；长江流域则不但局势比较稳定，而且文化艺术继续得到较高的发展。中国北方在游牧民族的统治下，经过一段时间的动乱之后，也逐渐走上安定和繁荣的道路。中国各民族的加速融合，佛教的兴盛和东西交通的加强，中亚和印度的希腊化艺术与中国古代艺术传统的结合，促进了中国壁画和雕塑艺术的进一步发展，在广度上和深度上，又是从前所不能比拟的了。如今以从河南到新疆这段"丝绸之路"沿线的广大地区，遗留下来的石窟寺群，以及墓葬中发现的壁画，还可供我们想象当年的盛况。

东西方艺术经过了几百年的融合，到了唐代，达到了它的成熟阶段。唐代艺术风格的优美和健康，表现在一切艺术品的上面，大到石窟寺中的佛教壁画和雕刻，坟墓中的壁画，小到随葬用的陶俑，工艺美术品上的刻画和浮雕，以及极少量的历代相传的卷轴画，等等。当时除了大量的专业的壁画家，还有一定数量的高级官吏和贵族，也是这方面的杰出代表。但是，由于古老传统的影响，画家的社会地位较高，而雕塑家却被看作是工匠，很少受到尊崇和重视，表现在艺术理论方面，也是以绘画为主。到了明清时期，便完全看不到有关雕塑艺术方面的论述了。

五代虽然政治上又陷于动乱和分裂，社会经济遭到严重的破坏，但从保留到今天的一些卷轴画作品来看，成就仍然是很大的。

宋代和唐代一样，都是中国艺术史上的黄金时代。这个时期，宗教题材衰落，而且很快失去了它的影响，但是山水画和花鸟画摆脱了原来的附属地位，不仅得到了独立，而且有了巨大的发展，取得了辉煌的成就。这个时期名家辈出，宋徽宗赵佶本人就是杰出的画家，并设立了为皇家服务的画院，盛极一时。壁画艺术不是立即就衰落下来的，但卷轴画占据了主要地位。

元代以下，山水画与花鸟画得到很大的发展，这与绘画艺术的精进，专业分工的趋于细密有关；另外，也是由于中国绘画所用的工具与材料基本和书法一致，艺术特点也有许多相通之处，使大量封建知识分子也投身于业余绘画创作中来，逐渐形成诗歌、书法、绘画三者结合的特点，并成了绘画艺术的主流，直到近代仍然居于统治的地位。这个转变，从好的方面来说，有利于画家个性的解放，情感的抒发，创造多样化的风格，尤其是水墨晕染技术的使用，创造和发展了空气透视法，借助描写山川的辽阔、气候的变化，来表现画家修养的深邃、意境的高远，取得很大的成功。从缺点来说，卷轴画排挤了壁画艺术，人物画衰落，并容易导致画风的避难趋易，流于草率。

根据以上的介绍，可以看到：中国古代文化艺术的起源很早，成就也很巨大，和欧洲作比，中国的中世纪时期，古老的艺术传统不仅未曾中断，而且更是灿烂辉煌。不过近五六百年，虽然也有许多成就，但是和欧洲的文艺复兴作比，和18、19世纪作比，显然是大大落后了。

由于中国近代的文化艺术，是从明清时代继承发展而来，因而在一般人的心目中，形成一种错觉，认为西方重视建筑、雕刻、绘画三种艺术的结合，而中国艺术则主要表现在绘画艺术方面，强调诗歌、书法、绘画三位一体，认为这是东方艺术的最高境界。实际上，这是一种误解。较早的艺术史文献（如唐代张彦远的《历代名画记》等书）和大量考古调查、发掘证明，中国也是和欧洲相同的。尽管宋代以来卷轴画占了绝对优势，但在宗教艺术领域内，建筑、雕刻仍然结合在一起，密切而不可分割，已经发现过许多无名氏的杰作，不过在当时已被看作是工匠的职业，不再受到重视罢了。中国封建社会的长期停滞，在艺术上的片面观点，阻碍了中国艺术继续迅速发展，这是很令人惋惜的事。

二、现代绘画

20世纪的中国画，继承明清以来的历史传统并有所发展和创新；西洋画和雕塑则完全是学习西方的，历史很短，但发展却很迅速。由于时代和条件不同了，东西方的绘画互相补充和互相促进，特点是明显的。画家虽然可以区分为国画家和洋画家，但有的画家兼通中西，都有成就的也大有人在，过去就是如此，今天更是如此。

老一辈的国画家，大多是从传统方法入手，重视文学和书法的修养，在前人的基础上，别开生面，有很大的成就，如任伯年、吴昌硕、齐白石都是花鸟画方面的大师，张大千也是如此，他还兼长山水。他们的作品直到今天仍然是学习的典范，不过他们的缺点也如明清时期一样，都不擅长人物画。

西洋画家最早留学欧洲的，大都是到法国（也有到比利时的），法国在中国人心目中曾是世界艺术的中心。其次是到日本，因为是近邻的关系，到别的国家的很少。他们大多是勤学苦读，甚至半工半读，在国外已有突出表现，回国之后，从事艺术教育工作，严格地要求学生，加强基本功的训练，因而培养了大批的优秀人才。

中国的西洋画家中，有的也兼长中西画法，在两方面都有深厚的修养，并取得很好的成就。徐悲鸿和刘海粟两位大师便是这方面的杰出代表。

版画、漫画和插图艺术，从 20 世纪 30 年代起也蓬勃地发展了起来，对于揭露旧社会的黑暗，鼓舞群众的斗志，指引革命的方向，起了很大的作用。版画以木刻为主，鲁迅先生首先予以大力提倡，由于简便易行，在抗日战争和解放战争中用作了重要的精神武器。漫画也是如此，例如今天蜚声世界的动画片《大闹天宫》，便是从张光宇的一套大型漫画发展而来，这套漫画式的连环图画多达百余张，内容是揭露国民党政府假抗日、真投降，最后又来争夺抗日胜利果实的问题。

中华人民共和国建立后，绘画艺术得到全面而迅速的发展。

在旧社会里，除了极个别的国画家可以卖画为生，画家一般都要兼任其他职业，在艺术学校任教就是理想的了；因此教师间竞争激烈，而学生毕业后更是求职困难，被迫改行是很常见的事。解放后，画家的生活有了绝对的保障，和先进国家作比，生活虽然清苦一些，但是非常安定。知名画家享有很高的社会荣誉，学生毕业后也都分配到需要的单位，成为业务上的骨干。

从前，除了革命根据地的艺术家，从事革命活动的有觉悟的艺术家，在军阀统治、国民党统治区域的画家，指导思想主要是"为艺术而艺术"，为欣赏而作画，脱离现实、脱离群众，方向是不明确的，精神是苦闷的。现在，大家的认识是统一的，目标是一致的，都是在为祖国、为人民、为社会主义崇高理想而工作。画家生活于群众之中，从社会生活中吸取丰富的营养，又为群众而创作，受到他们的赞美和鼓励，意气风发，风格高远。因此大多数画家都是能够充分发挥个人才能，取得一定的成就的。

由于上述原因，最近三十年来，尤其是清除了极左思潮的干扰以来，老一辈的画家焕发青春，继续创作了大量作品，新培养出来的中青年画家更是人才辈出，作品内容广泛，风格多种多样。但近半个世纪以来，绘画艺术的主流，始终是写实的，虽然我们也提倡"现实主义和浪漫主义"相结合，但后者为数是较少的。这也许与民族气质和历史传统有着一定的关系。

在肯定我们的成就的同时，也无须讳言我们的绘画艺术还存在许多不足之处，还有待于我们继续努力。

我们在普及（工作）方面有很大的发展。地县级的文化馆中，广大工农群众中都有许多优秀的专业的和业余的画家，例如陕西户县农民画展曾经出国展览。但在提高方面还不很理想，能与20世纪三四十年代已经驰名的大师并驾齐驱的画家为数很少，超越前人的更是罕见。

中国画方面存在草率的倾向。功力不足的写意画多得不可计数，但认真观察自然，追求工巧的表达方法的却很少。中青年画家普遍感到在书法艺术和古典文学方面的修养和锻炼不足。

西洋画方面，我们很重视基本功的锻炼（虽然也还嫌不足，如人体模特儿的使用还不经常，不普遍），但在如何创造民族的、独特的风格这个重大问题上，我们还没有取得重大的突破。

我们的出版印刷（事业）落后。妨碍画家从古代的和近代的中外文化遗产中，进行系统的学习和观摹。

我国博物馆事业也较落后，大都是历史文物方面的机构，过于单纯，缺乏美术陈列馆，尤其是缺乏现代作品的征集和陈列。近些年来，北京美术展览馆已在重视这个问题。据说美国在这方面有许多先进经验可以学习。

中国近代没有制作壁画艺术的风气，画家缺乏创作场面巨大、气魄雄伟、具有纪念碑性质的作品的机会，这也是不利于优秀画家的培养和成长的。现在我们已经开始注意这个问题，这既是学习外国经验，也是在恢复中国古老的艺术传统。

三、现代雕塑

雕塑是中国现代艺术中发展最慢的一个部分，这自然和历史传统有关。因此，城市的布局和设计，对于著名历史人物的纪念，庭园和室内的陈设，个人的爱好，大都和雕塑无关。传统的雕塑塑艺术既已衰落，听任它自生自灭；而对于接受欧美的风俗习惯和城市建设经验，我们还缺乏思想的基础和物质方面的条件。

在留学欧美、日本的学生中，学习雕塑的人数最少，他们即使学成归来之后，也无法展其所长，只能在有限的几所艺术学院中任教，并为展览会而创作；艺术学院中，雕刻系也是人数最少的系。因此，在解放前的半个世纪中，凡是学习过雕刻艺术的教师和学生，总计不过几十个人而已。

在解放前，树立的纪念像很少，能受到政府委托制作的雕塑家，更是屈指可数；另外，国民党政府崇外思想严重，像南京中山陵孙中山先生大理石坐像这样重要的项目，竟以十几万元的高价委托给意大利的一位雕塑家，结果作品也很平凡。其实，只需五分之一的报酬，委托给中国雕塑家，任务就可完成得更好。抗日战争期间，刘开渠教授在四川成都塑造过几座青铜的纪念像。由于当时生活艰苦，报酬很低，助手不足，作品也难取得良好的效果。

解放以来，情况有了很大的转变。雕塑家不仅生活改善，而且大型的纪念性雕塑开始制作，逐渐在改变旧日的传统。雕塑家们从此也有了献身工作的机会。最著名的，如北京天安门广场人民英雄纪念碑的浮雕，全国农业展览馆西方技巧民族风格的群雕，西安半坡遗址庭院中古代汲水妇女塑像，一些著名烈士家乡树立的石像、铜像，等等。但数量仍然很少，和中国这样的一个大国仍然是不相称的。

近几年来，结合社会主义物质文明、精神文明的建设，一些历史文化名城的公园中，也以历史、神话人物为题材，塑造了一些民族风格的塑像，但大多是比较草率的，水平不高。

现在政府有关领导部门，结合城市建设和绿化祖国的任务，学习西方经验，开始重视这个问题。目前北京正在召开城市雕塑艺术设计展览和评选会议，深信以后一定能起到倡导新的好尚、改变社会风气的作用，从而发挥中国雕塑家的艺术才能，取得较好的效果。

四、民间艺术

中国民间艺术无论从文献记载，还是从考古发现来看，历史传统都很古老，留下的遗产也非常丰富。尤其是国家幅员如此广阔，各地区也因民族的差异、地方的特点，表现在民间艺术方面的内容既非常复杂，而风格也是多样化的。何况民间艺术和风俗习惯的关系密切，而风俗习惯也是有着变化的。为了叙述上的便利，过去的情况现在只根据我个人的亲身经历，以北京地区作为典型，做些介绍。

北京是元、明、清三代都城所在。20世纪二三十年代的时候，保存和流行在社会上的民间艺术品，内容和形式都还是很丰富多彩的。最突出地表现在以下的几个方面。

（a）年画：都是套色木刻的。这是最早的套色印刷的遗迹，曾是一种先进的技术。这类年画大多线条粗放、颜色对比强烈，因为非如此不能增添春节前后节日的气氛。

（b）窗花剪纸：彩色纸张镂空，用于春节与婚礼，也作为刺绣的底稿。

（c）灯影和木偶戏：灯影是平面的，人物、动物、配景、道具的造型同于剪纸，并且着色半透明。这是一种活动着的剪纸，是一种萌芽状态的电影艺术。木偶戏也有繁和简两种形式，复杂的多人操作，简单的一个人就可在街头卖艺。

（d）花灯：有昂贵典雅的纱灯，也有儿童玩耍的走马灯、金鱼灯，以及各种动物、植物形态的。主要用于春节和灯节（农历正月十五日）。

（e）玩具：内容非常广泛。有捏塑的，如泥人、面人、糖人，在北京中秋节摆设的"兔儿爷"（传说中月亮中的动物）最为著名。有刻削的人物、动物，木工旋制的种种物件。有缝纫或粘贴的，如布缝的娃娃、老虎，纸扎的人物、车马，后者用于丧葬方面。有编结的，如端午节（农历五月五日）的彩丝线缠的粽子等。有仿京戏的，如各种戏装脸谱(小的作陈列，大的儿童可以戴在脸上）、廉价的刀枪剑戟等舞台兵器等。

（f）风筝：简单的供一般少年儿童玩耍，大型的结构复杂，成年人也用作娱乐手段。

（g）首饰：如绢花、绒花和纸花等。

（h）民间陶瓷器皿：其上的图案多是象征吉祥如意的动物（如"鱼"、谐音"余"，表示富裕；蝙蝠的"蝠"，谐音"福"，表示有福）。风格也是古朴明快的。

（i）印染和刺绣等。

上述种种都是从封建社会延续下来的手工业产品。本世纪以来，自然受现代化商品经济的排挤或代替，最明显的是印染品、陶瓷器皿和灯影等，木版年画、剪纸也受到一定的影响。但由于千百年来风俗习惯的影响，以及群众对于民族艺术的爱好，中国民间艺术品在本世纪初叶，仍然具有旺盛的生命力。但是，在解放前，历届反动政府对此是毫不关心的，听任它自生自灭。只有少数民俗学家和艺术家以个人的力量作了有限的搜辑；在陕北革命根据地，艺术家曾采用年画剪纸形式，创作具有革命内容的作品，在鼓励发展对敌斗争方面，收到很好的宣传效果。

中华人民共和国成立后，继续发扬革命传统。在年画和剪纸方面，既重视民间艺术的民族形式，又剔除其中的封建糟粕，赋予革命的内容适应时代的需要，进行改造和发展，在这些方面取得了重大的进展，培养出了许多专业的、新的、有成就的年画家。

遗憾的是，我们对于抢救文化遗产，进行民间艺术品的搜辑、整理、研究工作，未曾给予足够的重视，只有较少的单位和个人从事这方面的工作，在"文化大革命"还受到干扰和破坏。现在有关领导部门（如轻工部、文化部）已经重视这个问题，正在筹建民间艺术博物馆，成立了民间艺术学会，并准备系统地编印《中国民间艺术全集》（第一集为《山东地区》，已经脱稿），等等。我深信今后无论从艺术史的研究，还是从艺术创作的借鉴方面，中国民间艺术传统必定能够继续发扬，并取得可喜的成就。

此文转录自刘敦愿 1984 年 7 月 19 日签批的打印稿

一
跋

刘敦愿先生与东周画像
铜器研究

·郑 岩

2020 年 9 月，北京的疫情有所缓解，人们开始恢复小范围的活动，一些线上线下结合的学术讲座也逐步多起来。我受邀参与"中国博物馆公开课"系列讲座的讲授，有幸结识首都博物馆李吉光女史。此后吉光又专程到我学校附近小坐，谈了她对先师刘敦愿先生文章的喜爱，并跟我讨论这本集子的选编计划。吉光是学文学出身，而先生的文字虽立足于考古学和美术史，但并不局限于某一孤立的领域，这些文字跨越时空，在其他专业的学者那里获得知音，令我十分高兴。先生晚年在自选集《美术考古与古代文明》的自序中说：

> ……我一向认为，如所论述果属真知灼见之作，经得住时间的考
> 验，即使尘封于故纸堆中，需要的人自然会去查找，否则也就随它自

生自灭，丝毫也不必惋惜，无非表示从前曾经有过某种意见的存在而已。

吉光的眼光，证明先生的创见的确不会湮没在时光的尘埃中。我要特别感谢她和多年来给予我许多支持的湖南美术出版社的朋友，将这些充满着历史力量、人文光辉和个人魅力的文字介绍给更多的读者。

在先生百年冥诞之际，方辉教授和我接受《文汇学人》的采访，已比较详细地谈了先生的学术贡献（李纯一：《刘敦愿：一位错时的美术史家》，《文汇学人》2018年6月22日）。我在《文史哲》2021年第2期发表的《刘敦愿与中国早期美术研究》，讨论了先生在早期中国美术史研究方面的成就。我选编的刘先生的另一个集子《文物中的鸟兽草木》，收入"中华文化新读"丛书，已由四川人民出版社出版，我为该集写的后记，以《碎金屑玉的意义》为题，先行发表于《读书》2022年第8期。这几篇文章，都有微信版，感兴趣的朋友可以参考。我不再重复以前所谈所写的内容，在此只作一些有限的补充。

我在2023年3月30日北京大学人文社会科学研究院举办的"《文物中的鸟兽草木》读书会"引言中谈到，若先师魂灵有知，未必会赞成我们这些学生今天的做法。他生前对于"吹喇叭、抬轿子"的事情，颇不以为然，认为"戏台里面叫好，自家人捧自家人"最为恶俗。我近年来提醒学界重新注意先生的研究，固然不排除个人情感的成分，但可以问心无愧的是，这些工作主要不是出于"私爱"，也不是要拉出老师来为自己"壮声威"，我的目的更在于重新检讨中国美术史和考古学研究既有的遗产，以利于思考我们未来的工作方向。所以，我并不忌讳妄论先生生前的寂寞，也直言了我对相关学科范式单一和彼此隔阂的看法。

然而，在理性之外，今天重新展读吉光所汇集的这些文章，却不禁感慨万千。我又看到了先生书房内朴素的水泥地面、简陋的沙发、高高低低拼凑起来的书架，看到了先生高大而清瘦的身影慢慢走来。无论什么时间叩门，师母总是笑脸相迎，先生总是毫不犹豫地放下手中的笔……记得有一次，他像个孩子一样兴奋地向我展示自己制作的"文创产品"：将亲手描摹的古希腊陶盘内底男女舞蹈的画面，剪贴在一个光泽不明显的白瓷盘中央。始终解决不好的技术难题是如何挂在墙上。他用细铁丝制作了一个三角形架子，三个钩子等距离固定在边缘上。物质条件是窘迫的，但先生一直是个很快乐的人。

这种故事我还记得很多，有机会再谈。我接下来简单说一下这本书所选文章的主题。

考虑已出版的《文物中的鸟兽草木》和另一个计划中的文集，我建议这个选本尽量凸显一些特色，而不要重复。我记得先生多次跟我谈到一个未了的心愿，即系统整理东周"画像铜器"的材料。这个集子所收录的，主要是他研究这个课题的一些文章。

"画像铜器"是先生个人的定名，指的是春秋晚期至战国时期各地发现的一种带有新型装饰图像的铜器。从技术的角度看主要有两类，一是所谓的"刻纹铜器"，即"在极薄的器壁上用锐利的小刀刻出图像的青铜器"。[1]另一类是在器物外壁铸造有图像的青铜器，这类铜器上的装饰与商和西周的传统不同，后者多见高度变形的动物和几何纹样，神秘莫测，而前者则具有高度的绘画性特征，对物象的表现更为直观，故名之曰"画像"。这些图像在器物内壁和外壁较为浑圆平阔的表面上展开，与器物的结构缺少有机的关联，只不过是将器表当作一种近乎平面的载体来使用。画像主题包括狩猎、宴饮、奏乐、竞射、采桑、攻城、舟战等，多是再现性和叙事性的人物活动，还有树木、池塘、建筑、舰船等用以营造特定场景气氛的元素，内容相当丰富。限于尺幅和制作技术，其物象大多较为简洁，但生动活泼，十分动人。有的画像还嵌错金银，以显示其名贵，而不同的金属材质并置与对比，呈现出色彩之间微妙的变化，也可视作绘画性的语言。

这类铜器的流行，与文献所载同时期的壁画、漆器上的绘画，以及南方墓葬所见的帛画，皆意味着中国艺术史上一个大变化的到来。先生认为，画像铜器可以看作汉代画像石的前身。这不是指这些贵族使用的铜器与山东、江苏、河南、陕西、山西、四川、重庆等地汉代墓葬、祠堂和墓阙所见的画像石是一种简单的线性传承关系，而在于将这类材料放在长时段的历史中来理解。换言之，这些材料既可用以观察三代青铜艺术之"去脉"，又可借以思考汉代艺术之"来龙"。

1　叶小燕：《东周刻纹铜器》，《考古》1983 年第 2 期。

先生除了从时间脉络上思考画像铜器的意义，也从空间角度讨论其成因，主张在中国文化内部寻找这些变化的逻辑关系。与这种"致广大"的眼光相并行，他对画像的主题则作了"尽精微"的分析。我印象最深的是他对采桑画像的检讨。学者们通常将这一题材的画像看作生产活动的写照，而先生指出，其中有腰部露出剑柄者应是男子，而人物遍身罗绮，断不可能是养蚕之人，由此判断这一画像表现的是贵族男女桑间之会。他对竞射、舟战、狩猎、庭院植树与养鹤等题材均有精当的分析。在他看来，这些画面表现了"祀"与"戎"，全属国之大事。除了主题，他还对这种新艺术形式的语言进行了分析。诸如《试论中国古代绘画中的透视观》《中国古代绘画艺术中的时间与运动》等文章，都涉及画像铜器的材料。读者自然不难从这些论述中，感受到先生在历史学、考古学、艺术史和物质文化史等多个方面纵横交错的眼光。他的行文融汇了学者青灯孤影的思虑和艺术家精骛八极的气质，如钟如磬，如云如水，与他所讨论的艺术作品、所讨论的时代若合符节。所谓人书俱老，这种境界已不是我们这些学生所能学到的了。

从1933年徐中舒先生《古代狩猎图象考》一文开始，不断有学者讨论东周画像铜器，但在同时代的学者中，从未有人像先生那样花费如此大的心力。他甚至计划将研究心得汇为一本专著出版。但囿于当时各方面的条件，他这一愿望无法实现。当时的出版社自然不愿出这种赔钱的书，他也找不到一分钱的经费。他没有条件系统收集和复制国内外博物馆藏品的图片，只能以线图替代。后来，先生只好将出书的计划放弃，将书稿分解为长短不一的文章，发表在各种刊物和文集中。先生为自己的研究建立了非常系统的档案，但是，我们在整理其遗物时，却未能找到完整的书稿。现在将这些分别发表的文章汇集成册，或可在一定程度上反映他对这个课题整体性的思考。先生去世已逾四分之一个世纪，这本书的出版令人感到安慰。

我的研究未曾涉及先生所讨论的这些问题，至多是在课堂上向学生们转述先生的高论。除了可以检索到各类刊物上新的研究成果，据我个人所接触，我的老朋友哈佛大学汪悦进教授对这类画像铜器有全新的解读；母校山东大学方辉教授，以及在长沙市文物考古研究所工作的校友王传明兄，都曾在这些问题上下过功夫。前几年，厦门大学历史系张闻捷教授来访，也以其研究画像铜器的新稿示我。我很高兴看到学者们继续从事这一课题的研究。我希望这本书的出版，能够激发出人们新的思考。

这本集子还收录了先生题为《中国艺术史》的授课提纲。这是倪志云学长珍藏的一个打印本。根据先生封面上的题签，是他为到访山大的外宾授课所拟。这个简要的提纲涉及的内容十分广阔，可以反映先生对于中国艺术史整体的把握。如果留意其中那些时代特征明显的语言，也许还可以从中窥知 20 世纪 80 年代学者心境之一斑。

再次感谢吉光女史！感谢先生家人的信任与支持！

2021 年 4 月 29 日初稿，2023 年 4 月 29 日修订

万物有情皆可爱

· 吉 光

　　2012年《刘敦愿文集》由科学出版社出版。此时，距离作者逝世已经过去了十五年。刘敦愿先生是山东大学考古专业的创始人，也是颇受尊重的学者，关于其著作的价值与人生的境遇，《文汇学人》曾有《刘敦愿：一位错时的美术史家》一文，算是了解其人其事的一把钥匙。

　　十年过去，《文物中的鸟兽草木》等刘敦愿先生的作品集陆续出版，学术界关于"美术考古""艺术史"等讨论渐成声势，那么，我们今天，为什么需要重读刘敦愿？换句话说，一位20世纪90年代过世的老人，给中国的考古学（也可说"美术考古""美术史"）学界，给中国的文物与博物馆行业，到底留下了什么？

一、学科边界中的画像铜器研究

回顾刘敦愿先生的学术历程，他的研究始于对西方美术史的兴趣，最终落脚于山东地区考古和美术史研究。画像铜器研究，当属于美术史研究的范畴。方辉老师认为，刘敦愿先生是一位"三栖"的学者，在考古、历史、神话方面都颇有心得。今天做书人回头看，刘先生的意义恐怕不在于"栖"，而在于"融"——他不是刻意同时占领几个领域的制高点的学者，而是在做一件事情的时候想到另一件事，于是试图在两件事情中间建造一座桥梁。桥梁建好了，路走通了，做事建桥的人再一次启程，做另外的事，建更多的桥。从早年习画，到试图用青铜器的研究构建原始绘画与汉画之间的联系，同时关注山东地区的考古调查，刘敦愿先生走过的路，少有今人所言的"执着"，也很难说明他最初习画的经历是否影响了他的一生。但是，后来者从其人生兜兜转转的过程中，看到的是一个多面的人，一个有趣的人，一个愿意在学术与生活中找到乐趣的人。

关于画像铜器的定义、分类，以及刘敦愿先生此类研究的意义，郑岩老师在本书收录的文中已做过说明，小编不多赘述，在此只考虑另一个在学习与编校书稿中遇到的小问题：为什么青铜器研究在古代器物研究中已成显学，但学界似乎并没有特别地垂青这类画像铜器？

对这类铜器的讨论，源自徐中舒先生20世纪30年代完成的《古代狩猎图象考》，文章以此为契机讨论青铜器自身的演化以及外来的影响。其后，20 世纪 60 年代，马承源先生讨论了上海博物馆收藏的刻纹宴乐画像杯（俗称椭杯），20 世纪 70 年代，杜恒先生讨论了四川成都百花潭中学出土的嵌错宴乐采桑攻战纹壶；与刘敦愿先生同时，叶小燕有《东周刻纹铜器》一文，讨论了画像铜器中的刻纹铜器。然而，把这类器物当作青铜器中的一大门类研究，应当始于刘敦愿先生。在刘先生之后，贺西林在 20 世纪 90 年代讨论了"线刻画像铜器"与吴越地区风俗的关系。其后，陆续有更多学者使用画像铜器中的图像讨论建筑、神话、中外文化交流等方面的问题，近些年还有更年轻的学者讨论了此类器物的产地、流传和制作技法，也有学者关注了这类器物图像中的叙事性，还有学者将其纳入早期绘画史的范畴。然而，如果将这类讨论与始终热闹的铭文解读、礼仪制度研究等相比，画像铜器的研究，多少有些冷清。

学术的价值不能用热闹和冷清来区分，但当我们重新认识"冷清"的学问时，认清"冷清"背后的、世俗的取舍，或许可以更深刻地看到"冷清"背后的"冷静"与"热烈"。

画像铜器的研究并不容易，器物普遍偏小，此类器物中最"庞大"的一件是四川成都百花潭中学出土的嵌错宴乐采桑攻战纹壶，高约 40 厘米，被分作 3 层，每层不超过 15 厘米，在这样促狭而且呈弧形的表面刻划舞蹈、乐器、攻战、亭台等，难度可想而知。当年的工匠艰难，今天的研究者亦很困难，仰仗拓片和高清的图片，

可能还有幻灯机的加持（据说刘敦愿先生始终没有使用到这样的
设备），学者看清了器物上的图像，并借此展开下一步的讨论。但是，
也恰恰是因为对这类器物的研究不是依托器物的本体而是器物的
图像展开的，违背了以田野调查和发掘为基础的，以我们今天熟
悉的地层学、类型学为方法的，也就是今天所熟知的考古学对"物"
的认识路径。所以，传统的考古学者很难认可这样的研究方法，
也难以理解背后的价值。然而，这只是刘敦愿先生尴尬的一面。

另一方面，1949 年后美术史系统的研究始自各地的高等艺术
院校。艺术院校的美术史研究，往往以传统的画论为核心，但将
研究对象扩展至出土文物，试图用"物"，例如陶俑的服饰、壁
画的风格来说明或反驳传统画论的结论。也就是说，当美术被等
同于造型艺术，进一步被细分为绘画、雕塑、建筑等诸多门类，
那么无法被这些门类概括的艺术形式，以及对这些门类之外的艺
术形式的研究，同样很难得到重视。当试图用系统的大分类、小
分类来界定学科时，分类的间隙必然面临着被忽视的命运。而画
像铜器，恰恰是处于分类间隙的研究。

二、万物有情：画像铜器研究的意义

应该说，对身处间隙的"冷清"，刘敦愿先生本人是有清醒
认识的。他在《美术考古与古代文明》的自序中说：

......二是关于古代艺术史方面的探索，主要是以考古发现为主的造型艺术的探索。史前部分，因为美术界有关著作已经相当丰富，所以没有多做论述，重点放在青铜器装饰艺术方面，这是由于铭辞是新出土的原始文献记录，可以说是"一字千金"，历代学者无不倾全力进行研究，过去早已如此，将来也不会例外，但随着考古事业的发展与深入，器物形制与花纹的研究，必然也会相应地加强，然而这二者比较起来，后者往往用作形制特点之一，而对于装饰艺术本身与纹样母体含义的探索却形成了一个薄弱的环节。实际上，这些青铜器虽然极尽雕饰刻镂之美，然而其中所包含的问题却既多而又神秘难测，每个问题恐怕都不是三言两语所能说得明的，需要选择若干重点进行一些专题研究。联类而及于战国青铜器，其上镌刻的风俗画题材，内容虽然浅显明白，然而也不是不可再作商榷。

先生知道他人多重铭文、轻纹饰，重视商周青铜器而轻视战国青铜器，更不在意内容粗看起来浅显明白的画像铜器，而他情愿人弃我取，在这些看起来边边角角的问题上下一番功夫。

一方面，正如先生本人在很多文章中强调的，他试图通过这些研究，找到中国早期艺术与汉画像石，甚至更晚近的卷轴画之间的联系——这其实是对传统画论的进一步扩展。另一方面，对更多的读者来说，这些研究让后来者看到了研究"物"的另一种做法：突破了"某处有某物"的考古报告似的介绍和分型分式研究的范式，而以一"物"为中心，用平易近人的方法描述物，向读者呈现"物"中之象的具体样貌。在此基础上，讨论此"像"与彼"像"的关联。比如，他描述传洛阳金村出土铜镜上的骑士刺虎图：

> 这个图像精细地镶嵌在一个很有限的面积内（铜镜直径才 17.5 厘米）。一个满身甲胄的骑士与他所跨的战马，面对一只张牙舞爪猝起于前的猛虎，战马踯躅嘶鸣，骑士却了无畏惧，拔剑跃马准备下地与之搏斗，他的勇气也使猛兽受到了震慑，体现出了困兽犹斗的情景。

这样的描述，是个人的，也是文学化的。在直径 17.5 厘米的镜面上，先生写出了人与虎的互动、呼应与张力。这样的研究，是时代之外，只属于某个人的。

我想，先生在写下这样的文字时，应该有个人的寄托在。万物有情皆可爱，这样的文字，是可爱的。我们很难说先生的寄托是什么，也许，老人在暮年又一次由考古学回到美术史时，想到了早年一叶扁舟过江读书的日子，也许，他用近乎游戏的笔墨告诉他的学生与知己：自己是开心的，对一些事情，是不在意的。这是中国美术史研究中独特的文字，在先生过世多年才第一次读到书稿的我们，很难确切地理解先生究竟想告诉我们什么。但是，通过这样的描述，我们记住了这样一面一直保存在异国的铜镜，也记住了这些文字的作者。

或许，我们记住的这些，正是"冷清"的画像铜器研究背后的意义。"透物见人"是考古学等相关学科常说的一句话，此处的人，常常被理解成古人、生产器物的那个时代的人，而刘先生的画像铜器研究，不仅让我们看到了列国时代的战争与生活，而且让我们看到了文字背后那个微笑的、开心的，但又细致入微的作者。这，正是今天学术研究中最为欠缺的。

三、画给谁看：被忽略的观者与作为整体的画像铜器研究

2023 年春天，"中央美术学院美术考古研究中心"成立。刘敦愿先生生前，一直不太愿意承认自己美术史家的身份，作为山东大学考古学专业的创始人之一，他更期待被认为是考古队伍中的一分子，虽然，他认为自己在田野调查方面有缺失，也一再要求学生要抓住田野。几十年后，"美术考古"的概念还是立起来了，也有学者写文章辨析了"美术考古""考古美术""美术史"等相关概念。从这个意义讲，刘敦愿先生的画像铜器研究是超越时代的。

17 世纪以来，欧洲殖民扩张的兴起带来了博物馆的建立，"物"的收藏者按照他们对异国文化的理解，重新陈列和展示了这些原本处于不同语境、有着不同功用的"物"，中国古老的青铜器及其纹饰因此也成为重新观看与研究的对象。然而，当我们沿着 17 世纪以来对"物"的理解及其研究脉络，把诸如"画像铜器""墓

葬美术"等研究全部纳入"美术考古"的概念时，必然会遇到问题：美术研究是以图像为中心的，研究的前提是"观看"，而这类作品在诞生之初，可能并没有像我们今天所描述的艺术创作那样的、预设的观者，至少，当年的创作者没有想到几千年后会有人来"观看"这些"作品"。但问题的另一面是，如果这些作品在诞生之初真的没有人来"观看"，那么它为什么会如此繁复生动、气象万千？

一方面，我们不是千百年前工匠们预设的观者；另一方面，我们无法弄清，当年是谁观看了这些作品，当年"观众"是否像今天的我们这样来看待它们。客观地说，刘敦愿先生意识到了这是一个必须回答的问题，他在《关于战国青铜器画像问题的若干思考》中写道：

> 现在，传统器物的制作而外，纯粹为观赏而制作的器物显然大有增加，这类器物往往极尽刻镂、雕饰、嵌错之美。在这种情况下，工艺师在青铜器装饰上，便有了一定程度的自由，以绘画入于装饰艺术便是一种前所未有的表现方法……

然而，在回到个案的讨论时，其研究又往往聚焦于每一个不同的纹饰、图案，有意或无意地忽略了"物"——不仅是纹饰——与人的关联。研究越具体，这种忽略越严重，散金碎玉似的作品分析终于没有勾勒出完整的画像铜器谱系。而在先生身后，其他学者的研究往往又一次回到拿出某一纹饰作为论证某一问题的素材的老路上，作为画像铜器的整体被分解为画像加铜器——要么聚焦于画像，讨论与图像有关的问题，要么聚焦于铜器，进一步讨论其器型、工艺、流变等。

我们今日无意苛求前辈，只是多少有点遗憾：如果不是战争、革命消耗了老人年轻时的光阴，如果生命的时光不在老人 79 岁时戛然而止；如果这样一位学者能够多一点看世界的机遇，如果学术界能够多一点包容……这个世界没有如果。郑岩老师说：刘敦愿先生想完成的是油画，最后却只完成了速写。

四、关于本书的说明及其他

今日的选本，以 2012 年科学出版社出版的《刘敦愿文集》为底本，分上下编编选了 10 篇刘敦愿先生遗作。上编以画像铜器为核心，讨论了画像铜器的定义、画像铜器与青铜器其他纹饰的关系，旁及对美术史中一些宏观问题的思考：如古代绘画中的透视问题，如何在同一画面中表现不同的时间和空间，等等。下编聚焦于青铜器画像中不同图像的意义，并将其置于民俗学、历史学、古代文献等不同语境中，试图解决画像铜器画了什么，为什么要画这些，以及这些画面与当时社会有什么关系等问题。

选本尊重原作的本来面目，如有编辑校对中的错误，当由编者承担。作为初入美术史门庭的小学生，有机会为学界前辈编选一本小书，内心的忐忑不安难以言表。非常感谢刘先生家人的信任，感谢郑岩老师的指点与帮助并慷慨赐文，感谢湖南美术出版社为本书出版所做的一切工作！

图书在版编目（CIP）数据

画像铜器：列国时代的战争与生活 / 刘敦愿著，李吉光，
郑岩编 . 一长沙：湖南美术出版社，2024.7
ISBN 978-7-5746-0239-7

Ⅰ . ①画… Ⅱ . ①刘… ②郑… Ⅲ . ①青铜器（考古）–
研究 – 中国 – 商周时代 Ⅳ . ① K876.414

中国国家版本馆 CIP 数据核字 (2023) 第 207338 号

画像铜器——列国时代的战争与生活

HUAXIANG TONGQI——LIEGUO SHIDAI DE ZHANZHENG YU SHENGHUO

出 版 人：黄　啸

著　　者：刘敦愿

编　　者：李吉光　郑　岩

责任编辑：罗　彪

特约编辑：李吉光

封面设计：戴　宇

装帧设计：格局创界文化 ❖Gervision

责任校对：董田歌

出版发行：湖南美术出版社（长沙市东二环一段 622 号）

印　　刷：长沙新湘诚印刷有限公司

　　　　　（长沙市开福区伍家岭街道新码头 9 号）

开　　本：710mm×1000mm　1/16

印　　张：13.5

版　　次：2024 年 7 月第 1 版

印　　次：2024 年 7 月第 1 次印刷

定　　价：128.00 元

销售咨询：0731-84787105
邮　　编：410016
网　　址：http://www.arts-press.com/
电子邮箱：market@arts-press.com
如有倒装、破损、少页等印装质量问题，请与印刷厂联系斟换。
联系电话：0731-84363767